사회를 달리는 십대
지리

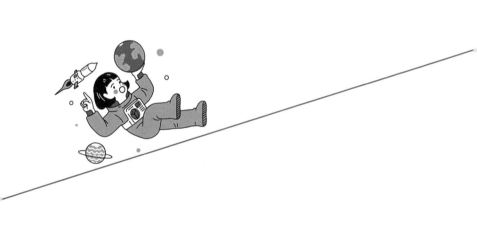

사회를 달리는 십대

구정은·이지선 지음

지리

우리학교

지리가 펼쳐 보이는 다양한 세상 속으로

지리(地理)라는 말의 뜻을 생각해 본 적 있나요?

한자를 풀이해 보면 '땅의 이치'라는 뜻이에요. 동서양을 막론하고 고대로부터 인간은 땅으로 대표되는 자연과 환경의 이치가 무엇인지 알아내기를 원했습니다. 기후나 생물, 바다, 산, 강 같은 자연환경에서부터 도시, 교통, 산업 등 인간과 자연환경이 상호작용한 결과물까지 통틀어 일컫는 말이 바로 지리입니다.

북반구에 위치해 사계절이 명확하고 삼면이 바다인 반도에서 살아가는 우리와 더운 기후의 남태평양 섬에서 살아가는 사람들의 생활은 다를 수밖에 없겠지요. 대규모 인구가 북적이는 도시에 사는 사람과 드넓은 평야에서 농사를 지으며 생계를 꾸리는 사람이 살아가는 모습 또한 다를 겁니다. 거꾸로 지리적으로는 멀리 떨어져 있지만, 문화가 비슷한 경우도 있지요. 이렇듯 지리를 배우는 재미는 내가 살고 있는 지역, 다른 사람이 살고 있는 곳의 여러 가지 특징을 알아가고 이를 서로 비교해 보면서, 세상을 보는 나만의 생각을 단단히 할 수 있다는 데 있습니다.

특히 요즘과 같이 교통과 통신이 발달해 쉽게 국경을 넘나들 수 있는 시대, 기후위기나 감염병처럼 특정 국가를 넘어 인류 전체에 영향을 미치는 커다란 흐름 앞에서는 지리를 둘러싼 다양한 쟁점을 파악하는 것이 더 중요해졌습니다.

다양하고 폭넓은 사안을 모두 다룰 수는 없기에, 오랫동안 국제 뉴스를 살펴온 경력을 바탕으로 지리와 관련된 주제 가운데서도 현재 커다란 변화가 일어나고 있으며 앞으로 우리가 살아갈 미래에 영향을 줄 것들 위주로 추렸습니다.

땅에 묻힌 천연자원과 미래의 연료, 영토를 둘러싼 분쟁, 점점 커지는 각국의 도시들, 80억 명이 넘어선 인구의 미래, 더 이상 간과해서는 안 될 기후위기, 빈곤과 불평등이 심화되는 세계의 현실까지. 나와 내 주변에서 일어나고 있는 여러 가지 일과 그에 얽힌 이야기를 이 책에서 마주하게 될 거예요.

우리에게 주어진 지리적 환경은 오랜 시간에 거쳐 서서히 변하긴 해도 좀처럼 바꾸기 쉽지는 않지요. 하지만 지리 안에서 일어나는 국내외 현안과 사안을 바라보는 우리의 시야는 더 깊고 넓어질 수 있습니다. 이 책이 우리의 세상을 보는 데 도움이 되기를 바랍니다.

2023년 4월

구정은·이지선

1

자원

카타르 사람들은
병원비도 공짜, 학비도 공짜,
집도 공짜래.

무슨 돈이 그렇게 많아?
왕국이니까 왕이 엄청난
부자인가?

석유랑 천연가스 덕분이지.
자원이 많잖아. 인구는 적고.

안녕 친구야.
나 지금 카타르로 떠난다.

영주권 받으려면
25년 이상 살아야 해.
그동안 아무 혜택도 못 받는
이주노동자로 지내야 하는데?

생각해 보니
석유는 미래 에너지가 아니네.
축구도 우리보다 못하고.

세상을 움직이는 힘

잉글랜드 프리미어리그의 명문 축구팀 맨체스터 유나이티드(Manchester United). 처음 이름은 '뉴턴 히스 축구단'이었고, 유니폼 색깔도 지금과 다른, 녹색과 금색이었다고 해요.

—○ 석탄산업과 철도와 운하로 번성한 도시 맨체스터.

지금은 '세계에서 가장 돈 잘 버는 축구클럽'으로 알려졌지만, 원래는 노동자들의 구단이었습니다. 랭커셔 요크셔 철도회사에서 일하는 노동자들이 뉴턴 히스 역에서 만든 축구팀이었거든요. 지역의 축구선수들에게 철도 일자리를 구해 주면서 좋은 선수들을 끌어모았다고 해요. 한때 파산 직전까지 갔지만, 지역 사업가들이 돈을 내 인수하면서 1902년 '맨유'로 재탄생했습니다.

철도 노동자들,
'맨유'를 만들다

　맨유의 역사가 철도회사에서 시작됐다고 했지요. 맨체스터는 철도와 운하가 발달한 교통의 요충지였거든요. 하지만 더 중요한 것은 이 지역이 석탄지대였다는 겁니다. 맨체스터 탄전이라는 거대한 탄광이 근처에 있었거든요. 제임스 와트가 증기기관을 발명하고, 그 동력을 이용해서 목화로 면직물을

─○ 영국 산업혁명의 중심지였던 맨체스터의 운하.

자원

짜는 방적기가 만들어지고, 섬유산업이 발달하고, 철도를 통해 상품을 항구로 실어 날라 수출하고…… 이렇게 영국의 산업혁명이 발전했습니다. 지금은 맨유로 더 유명하지만, 맨체스터는 영국 산업혁명의 중심지로 오랜 명성을 떨쳐 왔고, 석탄이라는 자원이 그 발판이었던 거지요.

영국뿐 아니라, 세계 여러 곳의 스포츠팀 중에는 지역의 산업에 바탕을 둔 곳이 많아요. 예를 들면 한국 K리그에서는 2023년 기준으로 강원 FC, 광주 FC, 대구 FC, FC 서울, 제주 유나이티드 같은 팀들이 뛰고 있지요. 이렇게 지역 이름만 있는 경우도 있지만, 대전 하나 시티즌이나 수원 삼성 블루윙즈, 울산 현대, 전북 현대 모터스, 포항 스틸러스처럼 '연고지'와 기업 이름이 함께 적혀 있는 클럽들도 있어요. 팀을 재정적으로 뒷받침해 주는 기업인 동시에, 그 지역의 발전 역사와 중심 산업을 알려 주는 것이기도 하지요. 1980년대 초반 축구 리그가 출범할 때는 '할렐루야 구단'같이 종교단체의 지원을 받는 구단에다 당시 국내의 대표적인 재벌 기업의 이름을 딴 구단들이 있었는데, 곧 지역의 산업 기반과 결합된 거예요.

세계의 축구팀 중에도 기업 후원을 받는 팀이 많고, 그런 기업 중 상당수가 에너지산업이나 항공산업 등 '화석연료'를 바

FC 서울

강원 FC

수원 삼성 블루윙즈

수원 FC

인천 유나이티드

대구 FC

포항 스틸러스

대전 하나 시티즌

울산 현대

광주 FC

전북 현대 모터스

제주 유나이티드

— 2023 K리그1 지역과 구단 지도 (총 12곳)

탕으로 경제 활동을 하는 회사들이에요. 이를테면 2022년 러시아가 우크라이나를 침공했는데, 전쟁 자금을 댄다는 지적을 받는 러시아 최대 에너지회사 가스프롬은 상트페테르부르크 축구팀인 제니트를 갖고 있어요. 석유회사, 가스회사가 유독 스포츠를 좋아한다기보다는 천연자원을 생산, 가공, 유통하는 회사들이 대개 덩치가 크고 돈이 많다 보니 자연스럽게 빚어

자원

지속 가능성
인간의 무분별한 자연 파괴와 착취 때문에 최근 급상승한 쟁점으로, 자연이 다양성과 생산성을 유지하고, 생태계를 균형 있게 유지하며 기능할 수 있는지의 가능성을 뜻한다.

진 일입니다. 그 때문에 '반환경적이다'라는 논란이 빚어져서 유럽축구연맹(UEFA)이 클럽들에 '지속 가능성'을 높이는 데 동참할 것을 요구한 일도 있었답니다. 스포츠와 자원, 채굴과 기후변화가 실은 글로벌하게 연결되어 있는 거지요.

자원이 탄생시킨
유럽의 통합

오래전 지구는 고사리, 속새 같은 양치식물로 덮여 있었어요. 이 식물들이 수억 년 전 죽은 뒤 썩어서 쌓이고 쌓여 만들어진 것이 석탄입니다. 고생대 말기인 3~4억 년 전에 석탄층이 많이 형성됐기 때문에 이 시기를 '석탄기(石炭紀)'라고 불러요. 석탄은 주로 탄소로 이루어져 있고, 수소와 산소가 들어가 있고, 질소, 황 같은 성분도 좀 있지요. 연필심으로 쓰이는 흑연도 석탄의 일종이에요.

기원전 315년에 그리스의 과학자가 이미 암석에 관한 책에서 석탄을 소개했다고 해요. 삼국사기에도 '신라 진평왕 31년(서기 609년) 모지악에서 동토함 산지가 불탔다'라는 기록이 있

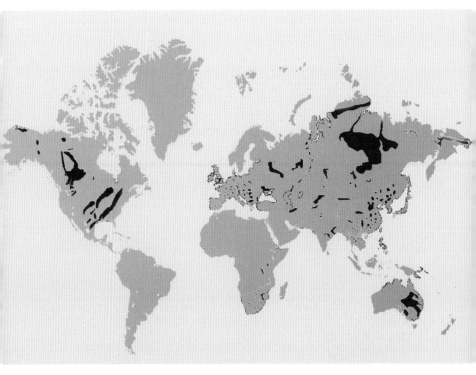

─○ 세계 석탄 분포 지도.
　전 세계 석탄 매장량은 미국 22.3%, 러시아 15.5%, 호주 14%, 중국
　13%, 인도 9.5%, 독일 3.5%, 우크라이나 3.3%, 남아프리카공화국
　3.1% 등의 분포도를 보인다(2016년 기준).

○출처: https://www.worldometers.info/coal/

습니다. 후대의 학자들은 아마도 이곳이 지금의 경상북도 포항에 있는 석탄지대를 뜻했던 것으로 봅니다.

독일의 루르-자르(Saar-Ruhr) 지역도 유명한 석탄지대였습니다. 프랑스의 알자스-로렌(Alsace-Lorraine) 지방은 철광석이 많은 곳이었고요. 산업 발전에 아주 중요한 자원이 하필이면 독일과 프랑스의 국경지대에 몰려 있었어요. 그래서 이 일대를 놓고 19세기에 두 나라 사이에 큰 전쟁이 벌어졌습니다. 처음엔 독일이 알자스-로렌을 차지했는데, 20세기에 들어와 제1차 세계대전에서 독일이 패한 뒤에는 프랑스 땅이 됐습니다. 프랑스는 독일이 전쟁배상금을 내지 않았다며 루르까지 점령했지요. 오래 지나지 않아 제2차 세계대전이 일어났고, 독일이 알자스-로렌을 되차지했습니다. 하지만 제2차 대전의 결과는 이번에도 독일의 패배였지요. 알자스-로렌은 다시 프랑스의 품으로 갔습니다.

유럽연합(EU)
경제적, 정치적으로 묶여 있는 유럽 27개국의 연합체. 유럽공동체(EC)로 불리다가 1994년 유럽연합이라는 새 이름으로 재탄생했다.

자원이 많은 땅을 놓고 전쟁이 되풀이되면 산업 발전이고 뭐고 다 의미가 없어지지요. 그래서 제2차 대전 뒤에 정치인들이 방법을 생각해 냈어요. 공동 조직을 만들어서, 프랑스와 독일에서 생산되는 철과 석탄을

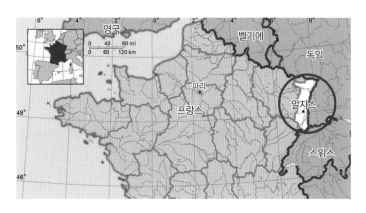

─o 독일-프랑스 국경지대의 알자스. 이 분쟁 지역이 유럽통합의 시작점이
되었다.

함께 관리하자는 거였지요. 그것이 바로 유럽석탄철강공동체
(ECSC)입니다. 이 기구가 발전해서 오늘날의 유럽연합(EU)이
탄생한 거랍니다. 이 기구의 아이디어를 낸 프랑스의 정치인
로베르 쉬망(Robert Schuman)은 이렇게 말했습니다.

"지금부터 유럽은 새로 태어날 것입니다. 유럽은 굳게 단합
할 것입니다."

욕심과 싸움을 발전과 단합으로 바꾼 지혜로운 결정이었습
니다. 자원에 대한 국가 간 갈등을 화해와 협력으로 승화시켜
경제공동체를 형성한 역사적인 사건이라 할 수 있지요.

자원

중동에서 벌어진
석유 쟁탈전

그리스에도 있었고 맨체스터에도 있었고 신라에도 있었던 석탄. 물론 산업을 움직이는 연료가 된 것은 한참 뒤의 일이지만, 석탄은 세계 여러 곳에 비교적 고르게 존재합니다. 지금도 화력발전소 중에는 석탄을 태워 전기를 생산하는 곳이 많아요. 2021년 기준으로 석탄을 가장 많이 캐내는 나라는 중국, 인도, 인도네시아, 미국, 호주입니다.

그런데 20세기에 들어와 세계 경제발전의 원동력이 된 석유는 상황이 달라요. 석유가 묻혀 있는 곳이 세계에 고루 퍼져 있지 않고, 몇몇 지역에 몰려 있거든요. 이 때문에 석유라는 자원은 국제지정학에서 아주 중요한 변수가 됩니다. 지정학은 지리적인 위치가 국가 간의 정치와 경제에 미치는 영향을 가리키는 용어예요.

석유도 인류의 문헌에 등장한 지는 오래됐습니다. 기원전 600년 무렵에 중국인이 석유를 파내서 대나무로 만든 관으로 수송했다는 기록이 있어요. 한국에선 『동방견문록』이라는 이름으로 알려진 이탈리아 여행가 마르코 폴로의 저서 『세상 모든 것에 관한 책』에도 오늘날의 이라크 바그다드 지역에 '불

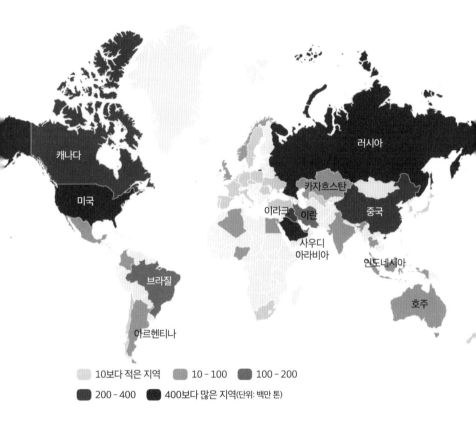

세계 원유 생산량 지도(2021)

- 10보다 적은 지역
- 10 - 100
- 100 - 200
- 200 - 400
- 400보다 많은 지역 (단위: 백만 톤)

— ○ 상위 원유 생산국은 미국, 러시아, 사우디아라비아, 캐나다, 중국, 이라크, 아랍에미리트, 브라질, 이란, 쿠웨이트, 멕시코, 노르웨이 순이다.

○ 출처: 세계에너지및기후통계연감(yearbook.enerdata.co.kr)

『동방견문록』
마르코 폴로의 여행기
로, 1271에서 1295년
까지 동방의 여러 나라
를 거치고 중국에 17년
동안 머무르면서 보고
들은 것을 기록해, 유럽
에 동방에 관한 관심을
불러일으켰다.

타는 돌'이 있다는 얘기가 나오지요. 하지
만 석유가 자원으로서 본격적으로 쓰이게
된 것은 한참 뒤예요. 1859년 미국 펜실베
이니아주에서, 그리고 1901년에는 텍사스
주에서 유전이 발견된 것이 20세기 '석유경
제'의 발판이 되었다고 평가합니다.

석유도 석탄처럼 오래전에 죽어서 지층
에 쌓인 동식물이 변해서 만들어진 것이라고 해요. 그런데 석
탄과 달리 액체 상태로 존재하기 때문에, 석유가 고여 있을 만
한 지층이 있어야 하지요. 그래서 지각구조에 따라 몇몇 지역
에 몰리게 된 것이죠. 석유가 어디에 있는지 구멍을 뚫어 확인
하고, 채굴하고, 정유공장으로 보내 불순물을 빼내고, 발전소
나 공장으로 실어 나르려면 인력과 돈과 설비가 많이 필요합
니다. 그래서 석유 생산은 처음에는 강대국의 큰 기업들이 독
차지했지요.

세계 최초의 석유회사는 미국 펜실베이니아주에서 설립된
록오일 컴퍼니입니다. 1859년 티투스빌이라는 곳에서 세계 최
초로 유정(油井), 즉 기름 우물을 뚫어서 채굴을 시작했어요. 새
로운 자원의 잠재력을 알아챈 자본가들이 몰려들었고, 곧 스

탠더드 오일(Standard Oil)이라는 회사가 미국의 석유 생산을 거의 독점하게 되지요. 이 회사를 세운 존 D. 록펠러는 미국 최고의 부자가 됐고요.

1908년에는 미국 회사가 페르시아(오늘날의 이란)에서 유전을 발견했어요. 중동에 석유가 묻혀 있을 거라는 기대 속에 미국과 유럽 기업들이 줄줄이 달려갔고, 유럽 국가들은 중동을 장악하기 위해 쟁탈전을 벌입니다. 그러다가 1938년 사우디아라비아에서 유전이 확인되었습니다. 이 일은 이후 세계의 역사를 바꾸게 되지요. 중동이 20세기 국제지정학의 중심으로 부상한 겁니다.

무기가 된
자원

2022년 기준으로 세계에서 원유가 가장 많이 매장돼 있는 것으로 추정되는 나라는 남미의 베네수엘라입니다. '추정'이라고 말한 이유는, 땅이나 바닷속에 원유가 얼마나 많이 묻혀 있는지를 정확히 알 수는 없기 때문입니다. 이어서 사우디아라비아, 캐나다, 이란, 이라크, 쿠웨이트, 아랍에미리트(UAE), 러시아, 리비아, 나이지리아 순입니다. 딱 봐도 중동 국가가 많지요?

　제2차 대전 뒤 중동 서쪽에 이스라엘이 세워졌습니다. 유럽에서 옮겨간 유대계 주민이 영국과 미국의 지원을 받아 아랍계 주민을 가혹하게 몰아내고 세운 나라입니다. 당연히 갈등이 심했고 지금도 마찬가지죠. 1973년 이집트, 요르단, 시리아 등 아랍 국가와 이스라엘 사이에 전쟁이 벌어졌어요. 미국과 유럽으로부터 받은 무기로 무장한 이스라엘이 우세했지요. 그러나 사우디를 비롯한 중동 국가에는 또 다른 무기가 있었으니, 그게 바로 석유였습니다.

　1961년부터 산유국들은 석유수출국기구(OPEC)라는 조직을 만들어서 세계의 유가를 움직여 왔어요. 중동전쟁이 일어나자 이스라엘과 서방 국가에 항의하기 위해서 산유국이 석유 수출을 크게 줄여 버리거나 멈춰 버립니다. 전 세계에서 기름값이 올라갔고, 특히나 한국처럼 석유를 오롯이 수입해 쓰는 나라들에는 비상이 걸렸습니다. 이 사태를 '오일 쇼크(Oil Shock)'라고 불러요. 기름값, 즉, 유가(油價)가 세계를 쇼크처럼 강타한 거지요. 놀란 서방 국가들은 이스라엘이 전쟁을 확대하지 못하게 압박하면서 산유국을 달랬지요.

　21세기 초에 미국이 이라크를 침공한 뒤 기름값이 훌쩍 뛰

—○ 위 OPEC 회원국의 석유산업 단지

   아래 OPEC 회의에서는 한 해의 원유 생산량 규모 결정 등 매년 주요 산
        유국 모임을 가지고 있다.

었지만, 그 후로 세계 시장에서 거래되는 기름값, 즉 국제유가는 낮아졌어요. 경제 규모가 큰 나라들에서 공장 생산보다는 서비스업 쪽으로 산업구조가 바뀐 까닭도 있고, 기후변화를 일으키는 석탄이나 석유보다 '재생에너지(renewables)'로 불리는 태양광이나 풍력 등의 비중이 커진 덕분이기도 했고요. 또 모래에서 석유를 뽑아내거나 암석층 속에 뒤섞여 있는 석유와 가스를 빼내는 기술(프래킹, fracking) 등 새로운 방식이 계속 개발된 덕도 있어요. 프래킹을 많이 한 미국은 세계 최대 산유국이 됐습니다. 하지만 2022년 우크라이나를 침공한 러시아가 "유럽에 에너지를 팔지 않겠다"라고 을러댄 것에서 보듯이, 여전히 자원은 정치적인 무기로 쓰이고 있습니다.

유럽도 1960년대부터 북쪽의 북해에서 기름을 파내고 있어요. 북해유전의 원유는 영국, 노르웨이 등이 공동으로 생산합니다. 그 덕에 부자가 된 노르웨이는 자원 수익으로 국부펀드라는 기금을 만들어서 전 세계에 투자하고 있어요. 그런데 인권을 침해하거나 환경을 파괴하는 기업 혹은 국가에는

국부펀드
국부, 즉 국가의 재산을 운용해 부를 증식시키려는 기금. 아랍계 국가와 러시아, 노르웨이에서는 1,000억 달러 단위 이상의 국부펀드를 운용하는데, 그중 노르웨이의 국부펀드는 도합 1조 달러가 넘는 세계 최대 규모이며, 2위가 중국의 투자공사다.

투자하지 않습니다. 에너지를 팔아 번 돈으로 전쟁을 일으킨 러시아와는 정반대입니다.

가스관과
전쟁

2022년 월드컵 개최국인 카타르는 대표적인 자원부국이에요. 카타르에 사는 사람이 300만 명인데 그중에 카타르 국적인 사람은 10퍼센트밖에 안 돼요. 이들은 상상만 해봐도 행복한 수준의 복지를 누립니다. 기본소득으로 매달 약 500만 원을 받고, 의료비와 교육비가 공짜예요. 왕정국가이기 때문에 민주주의를 누리지 못하는 대신, 세금을 거의 내지 않으면서 저런 혜택을 받는 겁니다. 반면에 주민 대부분을 차지하는 이주노동자의 처지는 그리 좋지 못해요. 이것이 월드컵을 앞두고 쟁점이 되기도 했지요.

카타르의 가장 큰 자산은 천연가스예요. 원유 매장량도 세계 13위로 많지만, 천연가스는 러시아와 이란에 이어 세 번째로 많아요. 천연가스는 유전이나 탄광에서 배출되는 자연 상태의 가스를 말해요. 석유와 비슷한 용도로 널리 쓰이지만 조금 더 나은 점이 있어요. 천연가스가 연소할 때는 석유를 태

—○ 독일-러시아를 잇는 천연가스 수송로(노르트스트림 1, 2)와 서유럽의 천연 가스 수송 시스템.

울 때보다 매연이나 이산화탄소가 훨씬 덜 나와요. 매장량도 아직은 많이 남아 있어요. 학자들은 세계가 천연가스를 100년 정도 쓸 수 있을 것으로 봅니다. 석탄이나 석유처럼 땅에 묻힌 동식물에서 나온 화석연료라는 점은 같지만, 재생에너지로 가 는 징검다리가 될 수 있다는 뜻입니다.

천연가스 매장량 세계 1위인 러시아를 볼까요? 물론 러시 아는 천연가스뿐 아니라 석유도 많습니다. 러시아의 국영에너 지기업인 가스프롬은 유럽과 아시아에 걸쳐 기나긴 가스관의

그물을 깔아놨어요. 한국은 카타르 등으로부터 액화천연가스 (LNG), 즉 액체 형태로 만들어 거대한 선박에 싣고 들여오지만, 유럽은 파이프라인으로 러시아의 가스를 받아서 써 왔어요. 유럽 경제의 중심인 독일이 특히 많이 들여갔지요. 2019년에 러시아는 중국으로 향하는 파이프라인도 만들었어요. '시베리아의 힘'이라는 이름이 붙은 기나긴 가스관인데, 이것을 보면서 미국은 "러시아와 중국이 손을 잡는다"라며 경계하고 있습니다.

러시아는 20세기에는 소련이라는 이름으로 여러 공화국을 거느리고 있었어요. 1990년대에 소련이 무너진 뒤 경제가 안 좋았는데, 2003년 미국의 이라크 침공으로 에너지값이 올라가자 그 덕을 봤어요. 이미 그 시절부터 러시아는 우크라이나를 길들이고 싶을 때는 "가스관을 잠가 버리겠다"라고 위협하곤 했습니다. 그러면 러시아 가스에 의존하는 우크라이나는 물론이고, 독일과 다른 유럽국들까지 러시아를 달래려고 나서지 않을 수 없었거든요. 러시아의 '가스 정치'는 중동의 석유와 함께 자원을 무기화한 또 다른 사례입니다.

독일은 러시아로부터 바다 밑을 통해 곧바로 가스를 들여오기 위해서 노르트스트림(Nord Stream), 노르트스트림 2라는

그린딜

탄소 중립과 깨끗하고 안전한 에너지 공급을 목적으로 한 환경 정책으로, 생태계와 생물다양성을 보존하고 지속 가능한 청정순환경제를 위한 산업 재편이다.

가스관을 만들었는데, 우크라이나전쟁으로 무용지물이 될 판입니다. 전쟁을 일으킨 나라에서 가스를 사고 돈을 주면 결국 전쟁에 쓰이게 되잖아요. 윤리적으로 용납하기 어려운 일이지요.

그럼 당장 필요한 에너지는 어떻게 마련해야 할까요? 독일과 유럽국들은 "이참에 러시아로부터 에너지 독립을 이루자"라는 결론을 내렸습니다. 어차피 기후변화를 늦추기 위해서 재생에너지로 이동하던 터였거든요. 재생에너지로 가면서 '녹색기술'을 발판으로 경제를 키우자는 것이 유럽이나 미국에서 요 몇 년 새 많이 나온 그린딜(Green Deal)이라는 발상입니다. 제2차 대전 뒤에 미국이 유럽을 지원해 준 대규모 프로그램인 '뉴딜(New Deal)'에 빗대 '그린 뉴딜'이라 부르기도 하지요.

자원의 덫

우리로서는 어쨌든 자원 많은 나라가 부러울 뿐입니다. 하지만 과연 그것이 온전히 부럽기만 한 일인지는 좀 더 생각해

봐야 해요.

　과유불급(過猶不及), '지나침은 오히려 모자람만 못하다'라는 뜻입니다. 흔히 "땅을 판다고 돈이 나오냐?"라는 말을 많이 하지요. 노력해서 돈을 벌어야 한다는 말입니다. 그런데 자원이 많으면 말 그대로 땅을 파서 돈을 벌 수 있습니다. 하지만 그렇게 번 돈을 정부가 아끼고 잘 써서 국민의 삶을 풍요롭게 해 주지 못한다면 무슨 소용이 있겠어요? 외국 기업이 들어와서 자원을 파내고 그 이득을 다 가져가거나, 혹은 독재정권이 그 이익을 멋대로 챙긴다면 말입니다. 실제로 그런 사례들이 세계에는 너무나 많았어요.

　정부가 관리를 잘못하면 자원을 놓고 싸움이 벌어지기도 합니다. 아프리카 서쪽에 시에라리온과 라이베리아라는 나라가 있어요. 이 지역에 다이아몬드 광산이 많습니다. 자원을 놓고 1990년대에 정말 잔혹한 내전이 일어났고, '피의 다이아몬드'란 말까지 생겼습니다.

　아프리카 한복판의 콩고민주공화국은 면적이 230만제곱킬로미터, 한국 크기의 23배에 이르러요. 이 나라 동부 지역에는 핸드폰이나 노트북 같은 전자제품에 들어가는 금속 물질인 콜탄(coltan)을 비롯해 몇몇 중요한 광물 자원이 묻혀 있어요.

—○ 자원이 많아 전쟁을 치른 아프리카의 여러 나라.

이걸 노리고 무장 세력이 내전을 일으켰고, 특히 여성과 아이들이 극심한 피해를 당했지요.

서아프리카의 나이지리아도 석유 부국인데, 남부의 석유를 팔아 번 돈을 북부가 가져간다는 이유로 내부 갈등이 심했지요. 그래도 어느 정도 효율적인 분배 시스템을 만들어서 연방 안에 있는 여러 주가 석유 수익을 나눠 가지면서 평화적으로 해결했습니다. 하지만 문제가 없지는 않았지요. 유전지대에서 영국 석유회사가 기름을 누출시켜 엄청난 환경파괴를 일으킨 거예요. 특히 원주민 부족들이 큰 피해를 당했어요. 미국에서는 아메리카 원주민의 땅을 지나가는 파이프라인을 만드는 문제를 놓고 정치 싸움이 벌어지기도 했고요.

자원을 파내면 땅이 더럽혀지고 주민들은 피해를 봅니다. 자원의 이익은 기업과 도시인이 가져가고, 가난하고 개발이 덜 된 지역에 사는 사람들, 특히 소수민족이나 원주민은 피해를 보는 일이 많습니다. 이를 막기 위해 유엔은 원주민권리선언을 채택해 현지 주민의 동의 없이 자원을 개발해서는 안 된다고 밝히고 있습니다.

원주민권리선언
미국, 캐나다, 호주 등의 국가가 현재 영토로 이주해 정착하면서 이전부터 살고 있던 원주민(토착민)에 대해 자행한 학살과 탄압, 강제동화 정책을 중단하라고 촉구하고, 원주민의 권익을 보호하기 위해 2007년 유엔에서 채택한 선언.

자원이 산업 발달에 오히려 방해가 되기도 합니다. 땅을 파면 돈이 나오니까 굳이 어렵게 공장 짓고 수출하려는 생각을 안 하게 되는 거지요. 이를 '자원의 덫', '자원의 저주'라고 부릅니다. 카타르처럼 자원을 팔아 미래를 위해 투자하는 나라도 있지만, 이웃한 사우디아라비아만 해도 그렇지 못했어요. 석유를 판 돈으로 왕실이 국민에게 약간의 복지를 주는 대신에 자유를 억압하고, 교육과 산업 발전을 게을리한 거예요. 최근 들어 사우디아라비아도 카타르처럼 경제성장의 길로 나아가려고 여러 프로젝트를 추진하고 있습니다.

이라크, 베네수엘라, 이란처럼 자원이 많은 탓에 미국과 유

—o 해발 3,000미터 사막 위에 세워진 세계 최대 규모의 칠레 구리 노천광
산. 전 세계 매장량의 40퍼센트가 매장되어 있다고 한다.

럽 등 외국의 간섭과 정치적 불안정을 겪은 나라들도 많습니
다. 남미의 칠레는 구리가 많이 생산되는 나라인데, 1970년대
에 정부가 구리 산업을 미국 기업들의 손에서 빼앗아 국가의
소유로 만들고 그 수익으로 의료와 교육 등 복지를 높이는 정
책을 펼쳤어요. 미국은 칠레 정부를 흔들기 위해 공작을 벌였
고, 미국을 등에 업은 칠레 군인들이 쿠데타를 일으켜서 정부
를 무너뜨리고 오랫동안 독재를 했습니다.

자원의 덫에 걸렸다가 벗어난 나라도 있습니다. 네덜란드

는 북해유전이 발견되면서 산유국이 됐으나, 쏟아져 들어온 외화 때문에 1970년대에 들어 물가가 치솟고 제조업이 흔들 렸습니다. 자원 때문에 오히려 경제가 타격을 입는 것을 '네덜 란드병'이라 불렀을 정도예요. 하지만 결국 경제 체질을 바꾸 는 노력을 통해 경쟁력을 높이는 데 성공했지요.

이제는 햇빛과 바람으로

칠레 북부에 후안차카(Huanchaca)라는 곳이 있어요. 원주민 말로 '슬픔의 다리'라는 뜻이랍니다. 19세기에 이 지역 광산에 서 채굴한 은을 주조하는 공장이 있었어요. 남미를 정복한 유 럽은 수백 년 동안 남미의 은을 캐내어 가져갔어요. 유럽은 번 영했지만, 남미 원주민은 땅을 빼앗기고 자원도 빼앗기고 학살 당해야 했지요. 살아남은 사람들은 노동력을 착취당했습니다. 그런 시대는 끝났지만 후안차카는 거대한 폐허로 남았습니다.

캐나다의 앨버타주에는 '타르샌즈(tar sands)'라고 불리는 자 원이 있어요. 모래에 섞인 기름을 정제해서 석유를 뽑아내는 데, 그렇게 모래층을 파낸 땅은 끔찍한 환경파괴의 현장으로 남습니다. 어마어마한 물이 오염되지요.

자원

─○ 캐나다 앨버타주의 타르샌즈 오염 지역.
 석유를 추출하기 위해 숲을 파괴했고, 엄청나게 넓은 범위의 땅이 오염
 되었다.

이렇게 자원으로 인한 오염이 심각해지면서 이와 반대의 길을 걷는 새로운 흐름이 나타나기 시작했습니다. 건조한 지대가 많은 중국의 간쑤성 주취안 지역에는 광활한 사막지대 2,300킬로미터에 걸쳐 거대한 바람개비가 줄지어 있습니다. 세계 최대의 풍력발전 단지랍니다. 미국 캘리포니아주의 모하비사막, 인도 타밀나두주의 칸야쿠마리해안, 스웨덴의 마르크비덴에서도 비슷한 풍경이 펼쳐집니다. 바람 많은 곳에서 에너지를 거둬들이는 이런 곳을 영어로는 '바람 농장(wind farm)'이라고 불러요. 어울리는 이름이죠?

인도의 라자스탄 지역의 바들라, 중국 남부의 하이난, 이집트 수도 카이로 남쪽의 벤단에는 햇빛을 전기로 바꿔 주는 태양광 패널이 드넓은 땅에 늘어서 있습니다. 이런 곳은 '햇빛 농장(solar farm)' 혹은 '햇빛 공원(solar park)'이라고도 해요.

재생에너지는 이제 세계 경제의 동력으로 자리를 잡아 가고 있습니다. 2020년 기준으로 전체 전기 생산량의 30퍼센트 가까이가 이런 깨끗한 방식으로 만들어졌어요. 지금까지는 화석연료가 중요했지만, 앞으로는 햇빛과 바람이 가장 중요한 자원이 되는 시대인 거예요. 중국과 인도가 가장 적극적으로 나서고 있지만, 유전을 가진 노르웨이나 아랍에미리트, 카타

─○ 두바이의 '햇빛 공원', 최신형 태양광 발전 단지 MBRM 파크 전경.

르 같은 나라들도 '석유 이후'를 내다보며 햇빛과 바람에 많이 투자하고 있답니다.

자, 그럼 한국은 어떨까요? 현재 한국은 전기차를 비롯해 친환경 기술에서 앞서 있는 편입니다. 하지만 앞으로도 재생 에너지 비율을 높이면서 동시에 에너지 소비를 줄여 가는 쪽으로 연구와 투자를 집중할 필요가 있겠지요.

놓치지 마요

자원 핫&이슈 ▼

우크라이나전쟁 뒤 올랐던 유가, 다시 하락세

2022년 2월 러시아가 우크라이나를 침공한 뒤 치솟았던 국제유가와 밀값이 같은 해 8월부터는 다시 하락세로 돌아섰다. 하지만 천연가스 가격은 낮아지지 않았고, 난방비가 커진 탓에 유럽은 2022년 12월이 되자 '추운 겨울'을 보내야 했다.

아프간 장악한 탈레반, 중국에 손짓

2021년 8월 미군이 철수한 뒤 아프가니스탄을 장악한 탈레반 정권이 중국에 손을 내밀고 있다. 미국 블룸버그통신 등에 따르면, 아프간에는 약 1조 달러 가치의 리튬이 매장돼 있다. 핸드폰에 쓰이는 중요한 광물 자원인 리튬은 탈레반이 중국과 거래를 하는 데 큰 자산이 될 것이라고 외신은 추측한다.

호주, 2030년 전력 82퍼센트를 재생에너지로

2022년 12월 호주는 약 6조 7,000억 원을 투자해서 재생에너지를 지원하는 새 전력망을 만들기로 결정했다. 호주는 아직 전력 생산의 60퍼센트를 석탄발전소에 의존하고 있지만, 2030년까지 발전량의 82퍼센트를 재생에너지로 대체할 계획이다.

전쟁을 일으키는 나라로부터 에너지 자원을 사다 써도 될까?

○ 찬성 ○

1. 우리 경제를 살리는 선택이다

우리는 자원이 없으니 어쩔 수가 없다. 전쟁으로 죽고 다치는 사람들을 보면 정말 안타깝지만, 우리 경제가 돌아가게 하는 게 우리에겐 더 중요하다.

2. 그렇게 따지면 좋은 나라, 나쁜 나라 구분은 의미 없다

세상에 '좋은 나라'와 '나쁜 나라'가 정해져 있는 것은 아니다. 지금 전쟁을 일으킨 나라를 비난하는 나라들도, 과거 역사에서는 나쁜 짓을 많이 하지 않았는가.

3. 그 나라 국민을 위해서라도 교역을 끊어 버리면 안 된다

나쁜 짓을 한 것은 그 나라의 정권인데, 돈줄이 끊기면 그 나라 시민들만 피해를 본다는 점도 생각해야 한다.

그래, 자원이 없으면 사다 쓰는 수밖에 없어.

아니아, 국제법을 어기고 사람들을 죽이는 나라에 돈을 줘선 안 돼.

✖ 반대 ✖

1. 다른 거래국을 찾아 다각화를 시작해야 한다

당장 우리 경제가 멈춰 서는 것도 아닌데, 국제법도 어기고 범죄를 저지르는 나라에 돈을 줘서는 안 된다. 에너지 자원을 수입할 다른 상대를 찾아 다각화해야 한다.

2. 장기적으로 보면 국제사회 윤리를 지키는 게 이익이 된다

지금은 윤리적인 잣대가 '글로벌 스탠더드'다. 국제법과 국제사회의 윤리를 무시하는 행동을 했다가는 우리 경제가 오히려 피해를 보게 된다.

3. 재생에너지 비중을 높일 전환점으로 삼는 게 낫다

우리도 유럽처럼 아예 재생에너지 비중을 높이고 미래 기술로 가는 계기로 삼는 게 더 현명하다.

2

영토분쟁

땅과 바다를 둘러싼 싸움

북미 북쪽과 유럽 대륙 최북단 스칸디나비아반도 사이에 세계에서 가장 큰 섬이 있어요. 대서양과 북극해를 끼고 있는 이 섬은 그린란드(Greenland). 인구는 5만 명에 현재는 덴마크의 자치 지역입니다. 국토의 85퍼센트가 얼어붙은 땅이라 살기 좋은 환경은 아니지요. 하지만 희토류를 비롯해 천연자원이 많은 데다 주요 뱃길들이 지나는 섬입니다.

희토류
'자연계에 매우 드물게 존재하는 금속 원소'라는 뜻. 실제로는 매장량이 풍부하다. 전기 및 하이브리드 자동차, 풍력 발전, 태양열 발전 등 21세기 저탄소 녹색성장에 필수적인 영구자석 제작에 필요한 물질이다.

그린란드 주변에 있는 작은 섬 하나를 두고 캐나다와 덴마크가 수십 년간 '위스키 전쟁'이라고 불리는 갈등을 이어온 것도 이런 이유 때문이에요. 분쟁의 대상은 면적이 1.2제곱킬로미터에 불과한 한스섬(Hans

엘스미어섬(캐나다)

한스섬

그린란드(덴마크)

스발바르제도

─○ 캐나다와 덴마크의 영토분쟁지인 한스섬.

Island). 두 나라는 서로 이 섬이 자기네 것이라고 주장합니다.

　왜 이 분쟁을 위스키전쟁이라고 부를까요? 1984년 덴마크 측에서 위스키를 한스섬에 묻고 '덴마크 섬에 오신 것을 환영합니다'라는 팻말을 달았다고 해요. 그러자 캐나다 측에서도 똑같이 캐나다산 술을 땅에 묻고 팻말을 세웠습니다. 이런 식으로 줄다리기가 계속되다가 2000년대에 들어서서는 양국 해군까지 나섰죠. 다행히 충돌까지 가진 않았어요. 2022년 양국은 섬을 절반씩 갖기로 합의하고 분쟁을 끝냈습니다. 각자의 나라에서 만든 위스키를 주고받으면서요.

영토분쟁

서울 여의도 절반이 채 되지 않는 작은 섬을 두고도 수십 년간 영토분쟁을 벌이는 게 국제사회의 현실입니다. 게다가 덴마크와 캐나다처럼 원만한 합의를 보지 못한 채 군사적 긴장이 이어지는 곳이 훨씬 많지요. 영토와 그 영토에 대한 관할권인 영유권을 차지하려는 국가 간 경쟁은 어디에서 어떤 형태로 벌어지고 있을까요? 그리고 왜 계속되는 걸까요?

영토는 왜 중요할까?

국가를 구성하는 필수적인 3가지 요소로 국민, 영역, 주권을 꼽습니다. 영역은 국가의 주인으로서 국민이 가진 권리인 주권이 미치는 공간적 범위를 말합니다. 여기에 영토, 영해, 영공이 포함되죠. 그중에서도 '땅'을 말하는 영토는 영해와 영공을 정하는 기준이 됩니다.

국가의 개념이나 국경이 명확하지 않았던 시절, 침략 전쟁을 통해 영토가 끊임없이 확장 또는 축소되던 시절을 지나 현대에 이르면, 영토의 경계인 국경은 일반적으로 국제사회에서 일정한 약속에 따라 합의된 형태로 유지되고 있습니다. 영해도 마찬가지예요. 1982년 국제해양법 조약에 근거해 영토로부

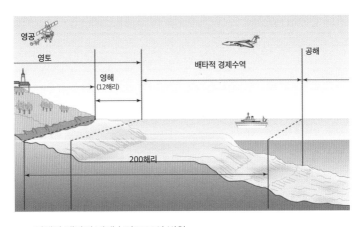

영공

영토

영해
(12해리)

배타적 경제수역

공해

200해리

─○ 영해와 배타적 경제수역(EEZ)의 범위
본토뿐 아니라 섬을 포함한 영토로부터의 거리에 따라 정해진다. 1해리
는 1.852킬로미터다.

터 기선(영해 확정을 위한 기준선)을 측정해 그로부터 12해리(22.2
킬로미터)까지가 영해로 인정됩니다. 영해 안에서는 사법권을
포함한 권한을 행사할 수 있지요. 더 나아가 200해리(370.4킬로
미터)까지는 배타적 경제수역(EEZ, Exclusive Economic Zone)입니
다. 이 안에 있는 해양 자원을 개발하고, 탐사하고, 조사 활동
을 할 권리가 해당 국가에 있지요.

하지만 이 규칙이 모든 갈등 상황을 다 해결해 주는 것은
아닙니다. 영해와 배타적 경제수역 안에 다양한 해양 자원과

영토분쟁

천연자원이 존재할 가능성이 있기에 여러 국가 간 분쟁이 끊임없이 계속되고 있거든요. 게다가 해양 영유권은 각국의 안보와도 직결되어 있잖아요.

울릉도에서부터 대략 87.4킬로미터 떨어진 독도는 동도와 서도, 주변 89개 작은 섬으로 구성돼 있습니다. 신라시대 울릉도와 독도를 다스리던 우산국이 이 지역을 지배했고, 일본 역시 식민통치가 끝난 뒤 '한국의 독립을 인정하고 제주도와 거문도, 울릉도를 비롯한 한국에 대한 모든 권리와 소유권 및 청구권을 포기한다'라는 점을 명확히 했습니다.

그런데 일본 시마네현은 과거 일본인이 독도 인근에서 활동했다는 기록을 근거로, 한국이 오히려 독도를 불법 점거하고 있다고 주장하지요. 한국이 지배하고 있는 독도를 다케시마라 부르며 국제사회에 분쟁 지역이라고 인식시키려는 전략인 셈입니다.

일본이 독도 영유권을 주장하는 이유는 뭘까요? 우선 경제적인 측면이 있습니다. '오징어, 꼴뚜기, 대구, 홍합, 따개비'라는 〈독도는 우리 땅〉 노래 가사에서도 나타나듯이, 독도 인근은 다양한 어종 생태계가 형성되는 훌륭한 어장입니다. 게다가 1990년대 후반부터 메탄하이드레이트(methane hydrate)라는

차세대 에너지원이 매장되어 있다고 알려
지기 시작했지요.

정치적인 맥락에서도 일본이 독도 영유
권을 주장하는 이유를 살펴볼 수 있습니다.
일본은 보수 성향 자민당이 오랫동안 집권
하면서 사회가 우익으로 치닫고 있어요. 전
쟁범죄자를 모시는 신사를 정치인들이 찾
아가고, 제2차 대전 뒤 만들어진 '평화헌법'
을 고쳐서 '전쟁을 할 수 있는 나라'로 가려

메탄하이드레이트

해저 또는 동토 지역에
서 형성된 메탄 수화물
로, 농축된 천연가스라고
볼 수 있는 21세기 신에
너지 자원이다. 현재 석
유, 석탄 등 주요 에너지
자원이 고갈되고 있고,
세계 각국의 환경보호
정책에 따라 청정에너지
에 대한 요구가 확산되
고 있다. 독도 주변 매장
량이 많다고 알려지면서
관심이 커지고 있다.

고 하고 있습니다. 우익 정치인들은 독도 갈등을 자기네 국내
정치에 이용하고 있고요.

바다에서도 치열한 '영토 싸움'

현재 동아시아에서는 이렇게 바다 영토를 둘러싼 싸움이
많이 벌어지고 있어요. 일본과 중국의 센카쿠열도, 중국명으
로는 댜오위다오를 둘러싼 동중국해에서의 분쟁이 대표적입
니다. 이 지역은 일본 오키나와에서 서남쪽으로 400킬로미터,
중국 대륙에서는 동쪽으로 350킬로미터 떨어진 동중국해 상

의 섬과 암초로 이뤄진 열도예요. 중국과 일본이 서로 역사를 거론하며 자국의 영토라고 주장하는 이곳에는 석유가 매장되어 있다고 알려져 있지요.

일본은 러시아와도 갈등을 빚고 있습니다. 일본의 최북단 섬 홋카이도와 러시아 남단 캄차카반도 사이의 바다에 위치한 크고 작은 50여 개 섬으로 구성된 쿠릴열도, 일본의 표현을 빌면 북방영토(北方領土) 때문입니다. 이곳 역시 수산물이 풍부하고 석유 등의 천연자원이 매장돼 있다고 해요. 게다가 국토 대부분이 동토인 러시아로서는 캄차카반도를 통해 태평양으로 나아갈 수 있다는 점에서 지리적, 전략적으로도 중요한 곳이기도 합니다.

남중국해를 두고 벌어지는 영유권 다툼 역시 국제적으로 큰 관심을 끌고 있어요. 남중국해는 중국 남쪽의 태평양에 속한 바다로, 중국, 베트남, 타일랜드, 캄보디아, 말레이시아, 브루나이, 싱가포르, 필리핀, 타이완 등 9개국이 이 바다 곳곳에 영토를 두고 있지요. 대표적인 곳이 중국명 난사군도인데, 여러 국가의 이해관계가 복잡하게 얽혀 있다는 것을 보여 주듯, 이곳을 부르는 이름은 국가마다 다릅니다. 영어로는 스프래틀리, 베트남은 쯔엉사, 필리핀은 칼라얀 등으로 부르죠. 여기에

동중국해와 남중국해를 둘러싼 아시아의 주요 영토분쟁 지역.

구아노

해안 또는 섬에 군생하는 물새들의 배설물이 퇴적된 것으로, 질소와 인산을 함유한다. 구아노의 성분은 지역에 따라 다른데 이외에도 석회, 고토, 규산이 포함되어 비료나 화약 재료로 사용할 수 있다.

는 천연자원이나 수산물 이외에도 새나 펭귄 등의 배설물이 퇴적되고 굳어서 생겨난 광물질인 구아노(guano)가 많다고 합니다. 서쪽에 있는 시사군도(영어로는 파라셀군도) 주변 해역에도 석유와 천연가스가 있다고 해요.

하지만 매장된 자원 외에도 남중국해는 중국으로서는 절대 쉽게 포기할 수 없는 지역입니다. 바로 이곳이 다른 지역으로부터 들여오는 천연자원은 물론, 많은 물류가 오가는 중요한 길목이기 때문입니다. 중국은 자신이 이곳을 실효적으로 지배하고 있다는 점을 보여 주려고 작은 섬 주위에 모래를 쌓는 방식으로 인공섬을 만들기 시작했어요. 그곳에 슈퍼마켓과 병원도 만들고 관광객을 보내는 한편, 해군 훈련도 합니다.

당연히 다른 나라들은 반발하고 있습니다. 바다에 인공적으로 섬을 만들다 보니 해류 등이 바뀌면서 어부들의 어업 활동에 방해가 되는 것은 물론, 중국의 해상 영향력이 커지는 것을 견제해야 하기 때문이죠. 2013년 필리핀이 국제상설중재재판소에 중국을 제소했고, 2016년 재판소는 필리핀의 손을 들어줬습니다. 하지만 분쟁 자체가 사라진 건 아닙니다. 오히려 전문가들은 남중국해에서 이른바 G2라고 불리는 미국과 중국이 충돌할 수 있다고 보고 있어요. 미국의 입장에서는 중국이 전략적으로 중요한 남중국해 지역에서 군사력을 키우고 인근 해역의 해양권을 통제하는 것이 상당히 불편할 수

국제상설
중재재판소
100개국 이상의 협의로 구성된 국제법률기구로, 현재 급속히 증가하는 국제 분쟁 해결의 장을 제공하며, 현대적이고 다면적인 중재기관으로서 역할을 수행한다.

밖에 없거든요. 그렇다 보니 미국은 어느 국가에도 속하지 않은 바다에서는 자유롭게 오갈 권리 즉, '항행의 자유'가 있다고 주장하며 이곳에 자국 군함을 보내 중국을 견제하고 있습니다. 필리핀 등 전통적으로 우호적인 국가들과 협력해서 중국을 압박하기도 합니다.

종교 때문에 생긴 분쟁, 카슈미르와 히말라야

종교적 배경이 달라 분쟁이 시작되기도 합니다. 인도와 파키스탄이 대립하고 있는 카슈미르(Kashmir)가 바로 그런 지역이지요. 히말라야산맥에 인도, 파키스탄, 중국이 국경을 맞댄 카슈미르는 형세가 아름답기로 유명합니다. 부드러운 옷감 소

실크로드
고대 중국과 서유럽 등 동양과 서양 간에 비단을 비롯해 보석, 도자기, 종교 등이 오가면서 수천 년간 내륙 아시아를 관통해 동서양의 경제와 문화를 이어 준 교역로를 말한다.

재인 캐시미어는 바로 이 지역에서 자라던 산양의 품종을 말하는데, 이 양털로 만든 옷감과 카펫이 실크로드를 따라 서구에 전해지기도 했습니다.

이 아름다운 곳에서 분쟁이 발생한 이유를 알아보려면, 인도가 영국의 식민지에서 독립하던 시절로 거슬러 올라가야 합니다. 1947년 인도가 영국으로부터 독립할 때 무슬림이 거주하던 지역은 파키스탄이라는 별도의 국가로 독립합니다. 힌두교 기반의 인도와 이슬람교 기반의 파키스탄이 갈라지게 되면서 카슈미르 지역을 둘러싸고 갈등이 빚어지기 시작했지요. 여기에 사는 주민 대부분은 무슬림이었지만, 지도자가 힌두교도였던 거지요. 주민들의 뜻과는 달리, 파키스탄이 아닌 인도로 편입된 카슈미르에서는 일부 무슬림이 무장을 하고 이에 저항했습니다.

1949년에 양측의 대립은 끝났지만, 카슈미르는 둘로 쪼개졌습니다. 북부에는 아자드 카슈미르(Azad and Kashmir), 남부에는 잠무 카슈미르(Jammu and Kashmir)가 들어섰고, 각각 파키스탄과 인도의 자치령이 되었지요. 분할된 카슈미르에서는 수십

―○ 위 국경지대를 둘러싼 인도-파키스탄-중국의 영토분쟁.

아래 최근에도 카슈미르 무슬림 지역에서는 인도 정부에 맞서 지속적으
로 분리독립 운동이 일어나고 있다.

년간 분리독립 운동이 계속되고 있고, 전쟁도 두 번이나 더 일어났습니다. 특히 2022년 인도 정부는 별도의 자치주였던 잠무 카슈미르의 자치권을 없애고 연방 직할 영토로 전환했어요. 그에 앞서 집회와 시위 금지, 통신망 폐쇄 조치 등을 시행하기도 했습니다.

인도와 파키스탄만 카슈미르에 발을 들인 건 아닙니다. 1962년 인도령 카슈미르와 국경을 맞댄 중국은 카슈미르를 공격했고, 악사이친(Aksai Chin)이라고 불리는 이 지역을 지금은 중국이 지배하고 있어요.

중국은 왜 이 산악지대를 공격해 자기 영토로 삼으려 한 걸까요? 바로 이곳이 티베트와 중국 신장 지역을 연결하는 위치라서 지리적으로 중요하기 때문입니다. 1956년 중국이 악사이친을 지나 티베트와 신장을 연결하는 도로를 만들고 난 뒤 인도와 중국은 날을 세우기 시작했어요. 여러 차례 크고 작은 무력 충돌이 발생한 뒤, 1962년에 전쟁으로 중국이 이곳을 차지하게 된 거죠.

또한 중국이 티베트와 신장 지역에 유독 예민한 데는 몇 가지 이유가 있습니다. 우선 이곳이 인도 등 여러 국가와 국경을 맞댄 완충지대이자, 중국 영토의 상당 부분을 차지한다는 지

—○ 티베트 독립운동 시위.

리적인 요인 때문입니다. 또 신장 지역에 거주하는 중국 내 소수민족인 무슬림 위구르족 주민과 인도에 망명정부를 설립하고 독립을 주장하는 티베트 주민을 어떻게 통치하느냐가 '하나의 중국' 원칙을 내세우는 중국 입장에서는 중요한 실험대일 수밖에 없기 때문이지요. 현재 중국은 신장과 티베트를 자치구로 지정했습니다만, 중국의 주류인 한족(漢族)을 이주시키는 등 강력한 동화 정책을 펴 왔습니다. 이 지역의 인권 탄압 문제도 국제사회에서 큰 논란이 되기도 하고요.

사실 악사이친 외에도 중국과 인도는 장장 3,500킬로미터에 달하는 국경을 마주하고 있습니다. 카슈미르 지역에서부터 네팔과 방글라데시가 만나는 지역의 실리구리회랑, 부탄과 접한 도카라(중국명 둥랑, 부탄명 도클람), 동쪽의 아루나찰프라데시까지 말이죠.

이후 1967년, 1975년 두 차례 중국과 인도는 여러 곳에서 군사적으로 충돌해 유혈 사태를 빚었습니다. 하지만 그 이후 45년간은 서로 확전을 피해 왔습니다. 그러다가 2020년 카슈미르 지역 갈완계곡에서 난투극이 벌어져 양쪽 군인 수십 명이 사망한 데 이어, 2022년 아루나찰프라데시에서 또다시 유혈 충돌이 일어나기도 했지요.

70년째 '화약고', 이스라엘과 팔레스타인

모스만튀르크제국
13세기 말 이후 소아시아를 중심으로 형성된 이슬람 제국으로, 13세기 말 아나톨리아반도에서 등장했다. 다민족·다종교 국가로, 아시아·아프리카·유럽 3개 대륙에 걸친 광대한 영토를 통치했다.

서로 다른 종교적 배경이 영토분쟁으로 이어진 또 다른 사례는 팔레스타인과 이스라엘입니다. 이집트와 요르단, 시리아와 레바논으로 둘러싸여 있고 지중해와 맞닿은 팔레스타인 지역을 두고 이스라엘과 팔레스타인이 70년째 다툼을 벌이고 있거든요.

이곳은 예로부터 아랍계 무슬림과 유대인, 아랍계 기독교인 등이 섞여 살아온 지역입니다. 이후 오스만튀르크제국이 '팔레스타인'이라고 불린 이 지역을 포함해 중동을 지배했고, 당시 거주자 대부분은 아랍인이었어요.

유대인들은 각지로 흩어져 살았는데, 20세기에 들어 유럽에서 유대인에 대한 차별과 압박이 심해지자, '팔레스타인 땅으로 돌아가 유대인의 나라를 세워야 한다'라는 유대인 민족주의인 시오니즘(Zionism)이 불붙기 시작했죠.

제1차 대전 이후 오스만제국이 패망하면서 영국이 이곳을 위임통치했는데, 지지 세력을 키워야 했던 영국은 팔레스타인인에게는 '독립국가를 건설하게 해 주겠다'라고 했고, 유대인에게는 '팔레스타인에 유대 국가를 만드는 운동을 지지하겠다'라고 모순된 약속을 합니다. 제2차 대전 전후로 더욱 심해진 인권 유린을 피해 팔레스타인 땅으로 들어오는 유대인은 훨씬 늘어났어요. 양측 간에 폭력 사태가 벌어지며 갈등이 심해지자, 유엔은 1947년 팔레스타인 지역의 56퍼센트를 유대 국가가, 43퍼센트를 아랍 국가가 나눠 가지라는 '분할통치안'을 결정했습니다. 그리고 이듬해 이스라엘이라는 나라가 만들어졌지요.

팔레스타인은 이 안을 받아들이지 않았고 1차 중동전쟁이 벌어집니다. 이 과정에서 수많은 팔레스타인인이 졸지에 삶의 터전을 떠나야 하는 처지가 됐죠. 팔레스타인 사람들이 이스라엘 건국을 '알 나크바(Al Nakba)', 즉 '대재앙'이라고 부르는 것은 이 때문입니다.

이스라엘은 몇 차례 전쟁을 통해 동예루살렘과 요르단강 서안 지구, 가자 지구, 시리아 골란고원까지 불법으로 점령했습니다. 그 과정에서 수백만 명의 팔레스타인 난민이 발생했어요. 그리고 수십 년이 지난 1993년, 오슬로 협정을 통해 서로의 존재를 인정하고 공존하기로 합의하기에 이르렀지요.

하지만 양측의 긴장은 여전합니다. 이스라엘은 팔레스타인 사람들을 요르단강 서안과 가자 지구 두 지역에 머물도록 제한하고, 이곳을 둘러싼 분리 장벽을 만들었어요. 또 이곳에 유대인 정착촌을 만들어 팔레스타인 영토를 사실상 '점령'해 나가기 시작했죠. 유엔은 이런 점령을 '불법'으로 규정했지만 이스라엘은 꾸준히 정착촌을 지어 왔고, 그 안에 살고 있는 자국

——○ 이스라엘이 세운 분리 장벽에 저항하는 팔레스타인인의 시위.

민을 보호한다는 명목으로 군인을 배치하고 장벽을 건설했습니다.

특히 이 장벽을 넘어 다른 도시로 이동하기 위해선 팔레스타인 사람에 한해 엄격한 검문 검색을 통과해야만 합니다. 하늘 높이 솟은 이 콘크리트 장벽에는 감시탑과 레이더까지 설치돼 있죠. 이스라엘 측은 혹시 모를 충돌에 대비하는 차원이라고 하지만, 팔레스타인은 팔레스타인 사람들이 살아 가는 땅을 빼앗기 위한 꼼수라고 비판하고 있습니다.

의료품이나 생필품조차 구하기 어려운 팔레스타인 사람들은 장벽 아래로 땅굴을 파고 지하터널을 통해 물건을 들여오거나 이동하기에 이르렀죠. 이스라엘은 이마저도 불법이라고 보고 공격해 목숨을 잃는 사람들이 생겨나곤 해요. 심지어 최근에는 장벽에 땅굴 감지 센서까지 설치하고 있다고 합니다.

　　양측은 예루살렘을 놓고서도 여전히 싸우고 있습니다. 히브리어로 '평화의 도시'라는 뜻의 예루살렘은 팔레스타인과 이스라엘 모두 종교적 중심지로 여기고 있어요. 유대교 성지인 통곡의 벽과 골고다언덕, 이슬람교의 황금돔사원과 알아크사원도 이곳에 있습니다. 서예루살렘은 이스라엘, 동예루살렘은 팔레스타인 땅으로 한다고 유엔이 오래전에 결정했으나, 이스라엘은 동예루살렘까지 점령해 버렸어요. 이스라엘은 예루살렘이 자신들의 수도가 되어야 한다고 주장하지만, 다른 나라들은 이스라엘의 일방적인 주장을 받아들이지 않아요. 그래서 사실상 이스라엘의 수도인 텔아비브에 대사관들을 두고 있습니다. 트럼프 대통령 재임 시절인 2018년에 미국이 주이스라엘대사관을 텔아비브에서 예루살렘으로 이전하자, 팔레스타인이 강력히 반발하고 국제사회에서도 이 일에 대해 비판이 일었지요.

군사기지가 된
지부티

지금까지 보아온 것처럼 각국의 영토, 그리고 영토와 영토가 만나는 국경은 고정불변의 것이 아닙니다. 분쟁이 벌어지기도 하고, 땅의 주인이 바뀌기도 하고, 분리 독립한 새로운 국가가 세워지기도 하면서 영토와 국경의 모양은 변화합니다.

제2차 대전 종전과 함께 제국주의 국가들이 무너지고 이들로부터 독립한 국가들이 생겨났습니다. 또한 1990년대 초에 사회주의와 공산주의 이념에 따라 만들어진 소련(소비에트사회주의연방공화국)이 무너지며 여러 국가가 독립했지요.

이렇게 다양한 배경에서 새롭게 생겨난 국가 가운데 이름도 생소한 국가들이 꽤 있습니다. 아프리카 동부에 위치한 지부티라는 나라는 아프리카 대륙의 동쪽, 홍해와 접해 있는 작은 국가입니다. 프랑스 지배를 받다가 1977년에 독립했는데 면적이 2만 3,200제곱킬로미터 정도로 한반도 크기의 10분의 1 정도에 인구도 100만 명이 안 되는 작은 나라입니다. 하지만 지리적으로는 아주 중요해요. 홍해를 통해 아라비아반도까지 이어지는 관문이거든요.

이런 상황을 활용해 지부티는 항구를 통한 물류, 수송 등

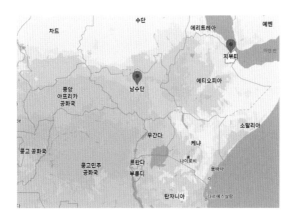

—o 동아프리카 지도.

서비스업을 발전시켜 왔어요. 여러 강대국도 이 지역에 눈독을 들여 군사기지를 만들었지요. 미국은 테러리즘과 싸운다면서 지부티에 기지를 세웠어요. 미군 4,500명이 주둔하는, 아프리카 최대 미군기지랍니다.

2017년 미군기지에서 겨우 13킬로미터 떨어진 곳에 중국이 기지를 만들었습니다. 중국이 중국 밖에 세운 최초의 기지입니다. 명목은 가까운 소말리아의 해적을 단속하고, 아프리카에 인도적인 지원을 하는 데 활용한다는 거였죠. 하지만 중국이 아프리카로 영향력을 확대하기 위해 전략적으로 세웠다고 보는 이들이 훨씬 많습니다.

　미국, 중국뿐만 아니라 프랑스 역시 지부티가 독립한 이후에도 군사기지를 남겨 놓고 왔고, 일본도 자위대 병력을 파견해 두고 있습니다. 지부티가 군사기지를 임대해 주는 대가로 받는 돈이 국내총생산(GDP)의 5퍼센트에 이른다고 해요.

내전 끝에 독립한
남수단

　탄생한 지 불과 10여 년밖에 안 된 나라도 아프리카에 존재합니다. 바로 남수단공화국입니다. 남수단은 2011년에 수단으로부터 독립했어요. 아프리카 대륙 북동부에 위치한 수단에서는 오랫동안 딩카족과 누에르족, 무슬림과 기독교 주민 사이의 갈등이 이어져 왔어요. 여기에 130년에 가까운 이집트와 영국의 식민통치는 이런 부족 갈등과 종교적 차이를 이용하는 방식으로 이곳을 다스렸습니다. 수단 북쪽에는 아랍계 무슬림이 많았고, 남쪽에는 기독교와 토착신앙을 믿는 이들이 많았거든요. 영국은 북쪽과 남쪽에 서로 다른 제도를 적용해 남부를 소외시켰어요. 북부 아랍계가 지배계층을 독식했고, 남부는 피해를 보는 등 불균형 상태였습니다.

1956년 영국으로부터 독립한 수단 내부에서는 남북 갈등이 격화됐고, 이는 내전으로 이어졌습니다. 요직을 독식한 북부 무슬림은 단일국가를 만들자고 주장하며 남부를 이슬람화하려 했고, 남부에서는 반대했죠. 남수단인민해방군(SPLM) 등이 저항에 나서면서 수단은 40년 동안 두 번의 내전을 겪으며 수많은 사람이 목숨을 잃고 수백만 명이 난민 신세가 됩니다.

2005년이 되어서야 평화협정이 체결되었고, 남부에 남수단 자치 지역이 형성됐어요. 2011년에는 남수단 분리독립을 위한 국민투표를 시행해 남부 주민 98퍼센트 이상이 찬성했고, 드디어 아프리카의 54번째 국가 남수단이 탄생하게 됩니다. 하지만 평화는 쉬이 찾아오지 않았습니다.

석유가 그 발단이었어요. 수단은 산유국이지만 석유의 75~80퍼센트가량이 남부에 묻혀 있어요. 반면 정유 시설이나 저장 시설 등은 북부에 몰려 있지요. 남수단은 풍부한 자원을 수출하려면 송유관과 정유 시설이 있는 북쪽으로 넘겨줘야만 해요. 그래서 다툼을 벌이다가, 남수단이 수출로 얻는 이익 일부를 수단에 떼어 주기로 합의했지요.

이번에는 소말릴란드를 소개해 보겠습니다. 이 나라는 2021년에 개봉한 영화 〈모가디슈〉로 잘 알려진 서아프리카

──○ 2017년에 열린 소말릴란드공화국의 국제 승인을 요청하는 소말릴란드
인의 런던 시위.

대륙의 나라 소말리아로부터 1991년 갈라져 나왔습니다.

하지만 사실 소말릴란드는 국제사회로부터 인정받지 못한 '미승인 국가'입니다. 국민과 영토를 갖고 스스로 주권을 행사하지만, 국제적으로는 '주권국가'로 인정받지 못한 겁니다. 다른 나라와 외교 관계를 맺고 무역을 하려면 국제사회의 일원으로 인정받는 과정이 필수적입니다. 어려울 때 도움을 받기 위해서라도 유엔에 가입해야 하고요. 하다못해 월드컵이나 올림픽에 출전하기 위해서라도 하나의 국가로 인정받아야 하지요.

—◦ 위 1990년대 내전 이후 분리독립한 유고슬라비아연방 지도.

　　아래 1990년대 유고슬라비아내전에서 목숨을 잃은 사람들의 묘지. 사
　　　　 라예보.

국제사회의 승인,
독립국이냐 아니냐

과거 소말리아의 남부는 이탈리아가, 북부는 영국이 통치했어요. 1960년 북부가 영국에서 독립하며 소말릴란드가 만들어졌는데, 닷새 뒤 이탈리아에서 독립한 남부가 소말리아를 만들더니 북쪽까지 합병해 버렸어요. 양측이 사이좋게 지냈으면 좋았겠지만, 수단과 비슷하게 부족 간, 지역 간 싸움이 났습니다. 그리고 1991년 소말릴란드는 독립을 선언하죠. 하지만 국제사회는 소말리아만을 국가로 인정합니다.

유엔의 일부 회원국들만 국가로 인정한 나라도 있어요. 발칸반도의 코소보가 그런 사례죠. 제2차 세계대전 이후 발칸반도에는 유고슬라비아연방이 있었어요. 하지만 소련이 무너질 무렵인 1990년부터 내전이 벌어졌고, 유고연방은 여러 나라로 갈라졌습니다. 코소보는 그중 세르비아 안에 위치하지만, 알바니아계 주민이 많이 살아요. 세르비아계가 학살과 폭력을 저지르자 큰 상처를 입은 코소보는 2008년에 세르비아로부터 독립을 선언했습니다.

세르비아는 거부했지만, 2010년 국제사법재판소는 코소보의 손을 들어줬습니다. 여전히 세르비아와 러시아는 코소보를 국가로 인정하지 않지만, 미국 등 100여 개 유엔 회원국은 코소보를 독립국으로 인정하고 있습니다.

세계 곳곳에서 과거부터 현재까지 영토를 둘러싸고 국가들이 첨예하게 대립하는 이유는 명확합니다. 국가를 구성하는 데 영토가 중요한 요소인데다, 정치외교적, 군사적, 경제적으로 어떤 지역을 차지하느냐가 국익에 지대한 영향을 미쳐 왔기 때문이지요. 포기하기 어렵기에 분쟁은 길고 지루하고 타협점을 찾기도 쉽지 않은 경우가 대부분입니다.

하지만 글 앞머리에 언급한 한스섬의 사례처럼, 분쟁 해결이 아예 불가능한 것도 아닙니다. 군사적 대립을 최대한 피하고, 평화롭게 분쟁을 해결할 방안을 모색하는 것이 앞으로 우리에게 남겨진 과제가 아닐까요.

영토분쟁 핫&이슈 ▼

국제축구연맹, 세르비아를 징계하다?

코소보는 유엔에 가입하지는 못했지만 2016년 국제축구연맹(FIFA)에 회원국으로 가입했다. 2022 카타르월드컵에서 세르비아 대표 라커룸에 선수들이 깃발을 걸었는데, 그 깃발에 코소보가 세르비아 영토로 표시돼 있어서 논란이 벌어졌다. FIFA는 정치적 쟁점과 관련된 표현이라고 보고 벌금 2만 스위스프랑을 내라는 징계를 내렸다.

남중국해를 군사화하는 중국, 반발하는 베트남

미국은 중국이 남중국해의 인공섬 가운데 적어도 3곳에 항공기 격납고, 무기고, 레이더 등 군사 시설을 지었다고 발표했다. 베트남 외교부는 중국을 향해 동남아시아국가연합(ASEAN) 회원국과 약속한 '남중국해 행동준칙'을 이행하라고 요구했다.

분쟁지 카슈미르에 영화관 개장

수십 년간 충돌이 이어지던 인도령 카슈미르의 스리나가르에 23년 만에 처음으로 영화관이 문을 열었다. 그동안에는 분쟁 때문에 영화관이 문을 닫거나, 다른 시설로 용도가 바뀌는 경우가 많았다. 인도 당국은 카슈미르의 희망을 보여 주는 것이라고 의미를 부여했다.

특정 지역에서 분쟁이 일어났을 때 국제사회가 꼭 개입해야 하나?

○ 찬성 ○

1. 국제사회 개입은 세계 질서를 유지할 수 있는 황금률이다

인간은 누구나 존엄한 권리, 즉, 인권을 갖고 있다. 심각한 폭력과 전쟁 등으로 사람이 죽거나 다치고 난민이 생긴다면 인도적 차원에서 국제사회가 개입해야 한다.

2. 세계 평화는 합의와 원칙에 의해 유지될 수 있다

국제사회는 힘의 논리가 아니라 합의된 원칙에 따라 움직여야 한다. 특정 국가가 고유한 주권을 앞세우고 이를 무기로 삼을 수는 없다.

3. 세계 시민을 보호할 국제 조직은 필요하다

2004년 유엔에서도 집단학살, 전쟁범죄, 인종청소, 비인도적 범죄를 해당 국가가 명백히 보호하지 못하면 국제사회가 이를 보호할 책임을 명시했다. 주권을 침해하기 위한 개입이 아니라, 국제사회가 비인도적 범죄로 고통받고 있는 주민을 보호해야 할 '책임'이 더 중요하다.

그래, 인권을 보호하기 위해서는 국제사회가 개입해야 해!

아니야, 개별 국가의 주권을 제약해서는 안 돼!

✖ 반대 ✖

1. 개입의 기준을 과연 어느 나라가 정할 수 있을지 의문스럽다

국제사회가 특정 국가에 개입할 때 그 기준이 무엇인지 그때그때 다르고, 합의 또한 어렵다. 인권을 앞세우면서도 자국의 이익을 위주로 개입 여부를 판단하게 될 우려가 있다.

2. 국제사회의 개입이 더 큰 고통을 야기하기도 한다

특히 군사적 개입을 하는 경우, 현지인이 이중의 고통을 받는 경우도 종종 있다. 그렇기 때문에 개입할지 말지 결정할 때는 더욱 세심한 접근이 필요하다.

3. 개입 이전에 국제사회의 조정이나 노력이 우선되어야 한다

국제사회가 개입하는 게 분쟁을 완벽히 제거하는 만병통치약은 아니다. 국제사회가 갈등의 원인이 무엇인지 미리 살피고 인권 보호를 위해 사전에 노력하는 것이 먼저여야 한다.

3

도시

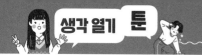

인류 문명의 위대한 발명품

세계에서 가장 큰 도시는 어디일까요? 일본의 도쿄에는 3,746만 명이 산대요. 2021년에 한국 인구가 5,100만 명이었는데, 그 절반이 훌쩍 넘는 사람들이 한 도시에 산다니 어마어마하죠?

인도의 델리도 인구가 3,000만 명 가까이 돼요. 중국의 상하이는 2,558만 명, 브라질의 상파울루는 2,165만 명입니다. 멕시코의 수도인 멕시코시티, 이집트의 카이로도 주민이 2,000만 명이 넘어요.

그다음으로 인구가 많은 도시는 어디일까요? 인도의 뭄바이, 중국의 베이징, 방글라데시의 다카, 일본의 오사카입니다. 어, 그러고 보니 아시아의 도시가 진짜 많네요. 저렇게 주민 숫자가 많으면 집도 많고, 자동차도 많고, 전기도 많이 쓰고,

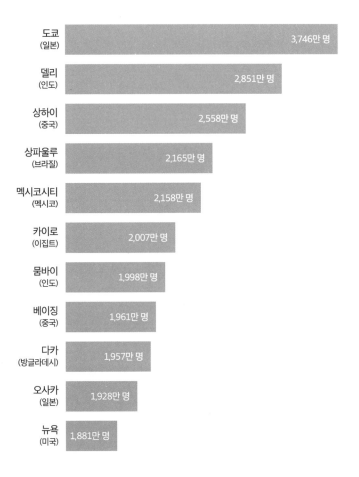

세계의 최다 인구 지역 11곳(2018)

도쿄 (일본)	3,746만 명
델리 (인도)	2,851만 명
상하이 (중국)	2,558만 명
상파울루 (브라질)	2,165만 명
멕시코시티 (멕시코)	2,158만 명
카이로 (이집트)	2,007만 명
뭄바이 (인도)	1,998만 명
베이징 (중국)	1,961만 명
다카 (방글라데시)	1,957만 명
오사카 (일본)	1,928만 명
뉴욕 (미국)	1,881만 명

◦ 출처: 유엔인구조사

쓰레기도 많이 내놓고……, 학교도 많고 회사도 많고 시장도 많겠네요. 아, 공원이나 체육관도 많으면 좋겠습니다! 그렇죠?

가장 오래된 도시 차탈회위크에서 현대의 뉴욕까지, 도시의 역사

도시는 언제 생겼을까요?

아니, '도시'의 기준은 뭘까요? 얼핏 생각하기에 앞에서 언급한 특징들, 즉 주민이 많고 각종 시설이 몰려 있는 곳을 떠올리면 될 것 같습니다. 사람들이 모여서 도시가 되는 것이니, 도시는 인류의 역사와 함께 형성되고 성장해 왔다고 보면 되겠지요. 사람들이 모여 사는 곳은 자연스럽게 정치의 중심이 되고, 돈이 쏠립니다. 그런 곳에서 문명이 발달해 지금 우리가 살아가는 21세기까지 왔을 겁니다.

도시가 만들어지고 계속 유지된다는 것은, 식량과 물이 원래 많은 곳이었거나 혹은 다른 곳에서 많이 끌어올 수 있는 곳이라는 뜻이에요. 도시 안에서 사람들이 움직이도록, 혹은 도시의 안과 밖을 연결할 수

도시국가 아테네
고대 그리스 문명의 정점이자 모든 유럽 국가의 원형을 제시한 그리스의 고대국가 이름. 최초의 민주주의 국가이면서 서양 문명의 기초가 된 철학 등 학문, 법률, 사회, 정치 등 각종 제도의 기초를 제공했다.

있도록 교통이 발전했을 것이고, 건물을 지어 올리는 건축 기술도 발전해 있다는 뜻이지요.

건물과 교통, 전기 공급망, 통신 설비 같은 것이 도시의 물리적인 바탕, 즉 '하드웨어'라면 도시의 '소프트웨어'는 무엇일까요? 바로 사람들의 머리, 지식입니다. 사람들이 모이면 아이디어가 많아지고, 그 아이디어를 나누고 덧붙여 층층이 쌓는 과정에서 더 좋은 생각이 나옵니다. 그래서 경제도 더 발전하고, 더 좋은 정치를 만들 수 있게 되지요. 고대 그리스의 아테

─○ 고대 도시국가 아테네의 신전.

네는 도시 하나가 국가인 '도시국가'였는데, 지금까지 영향을 미치는 여러 사상은 물론이고 민주주의의 아이디어도 거기서 나왔습니다.

중세에 중동 세계의 중심이었던 이라크의 바그다드, 아시아 끝자락에 있는 일본과 서양을 잇는 창구였던 나가사키, 세계 금융의 중심인 미국의 뉴욕, 정보기술(IT)산업으로 유명한 인도의 벵갈루루는 모두 역사를 거치며 번창했던, 혹은 지금도 번창하고 있는 도시입니다. 이런 대도시에 국경을 넘어 지식이 한데 모였고, 활발한 의사소통이 이뤄졌습니다. 다양한 사람이 모여 창의력을 발휘하고 혁신할 수 있었던 것이 도시가 성공한 비결이었어요.

인류 최초의 도시들은 지금부터 약 1만 년 전쯤 중동의 메소포타미아에서 생겨났다고 해요. 오늘날의 이란과 이라크에서 서쪽으로 터키와 시리아 쪽까지 쭉 이어진 지역인데, 이곳을 지도에 색칠하면 초승달처럼 보인다고 해서 '비옥한 초승달' 지대라고 부릅니다. 메소포타미아는 '두 강 사이에 있는 땅'이라는 뜻이죠. 티그리스강, 유프라테스강이라는 두 개의 큰 강 사이에 있어서 물이 넉넉하고 땅이 비옥했습니다. 이 지역에 사람들이 모이면서 농경이 시작됐고, 문자가 처음으로

⎯○ 위 메소포타미아 지역 지도.

　　아래 메소포타미아 문명권의 고대 벽화.

만들어졌고, 바퀴와 천문학이 생겨났습니다. 에리두, 우루크, 우르 같은 도시들이 인류 최초의 도시입니다. 터키의 차탈회위크 지역을 세계 최초의 도시로 보는 학자들도 있습니다.

이렇게 '문명의 발상지'로 알려진 곳들이 곧 도시가 생겨난 곳이라고 보면 됩니다. 이집트의 나일강 주변, 인도의 인더스강 계곡, 중국의 황허강 주위에 도시들이 생겨났거든요. 그 후 몇천 년간 나라들이 흥망을 거듭한 것처럼 도시들도 생겨났다 사라지곤 했습니다. 메소포타미아의 초창기 도시들은 이제는 사라지고 없지요. 2000년 전에 이탈리아의 로마는 유럽에서 가장 큰 도시였고 100만 명 이상이 살았지만, 중세 시대에 인구가 2만 명으로 줄어든 적도 있었습니다. 지금은 다시 늘어나서 300만 명에 이르지만요.

2100년에는 세계 사람 모두가 도시인

이렇듯 도시 자체는 역사가 아주 오래됐습니다. 하지만 사람들이 모두 도시에 살았던 것은 아니에요. 사실 도시 인구가 이렇게 크게 늘어난 것은 인류의 역사에서 비교적 최근의 일이지요. 지금부터 200년 전만 해도 전 세계적으로 도시가 아닌 시골에 살았던 사람이 90퍼센트가 넘었어요.

사람들이 도시로 몰려들면서 도시가 갈수록 더 커지고, 전체 인구 가운데 도시에 사는 사람 비율이 늘어나는 것을 '도시화'라고 합니다. 유엔에 따르면, 1950년대 이후로 세계 곳곳에서 도시화가 아주 빨리 일어났습니다. 농촌보다는 일자리가 많고, 배우고 돈 벌 기회가 많으니까 사람들이 도시로 향한 거예요. 1950년에 세계적으로 도시에 거주하는 사람은 7억 5,100만 명이었는데 그 숫자가 2021년에는 45억 명으로 늘었습니다. 물론 그사이에 세계 인구도 크게 늘어났지요.

1950년에는 세계 인구의 30퍼센트가 도시 지역에 살고 있었는데, 2007년 처음으로 전 세계적으로 시골보다 도시에 사는 사람 수가 더 많아졌어요. 2021년 기준으로 보면, 세계 인구의 절반이 넘는 57퍼센트가 도시에 살아요. 2050년에는 아마도 도시에 사는 사람이 67억 명에 이를 거라고 하네요. 지금보다 22억 명이 더 늘어나는 거예요. 이렇게 늘어나는 도시 인구가 어디서 나오냐고요? 앞에서 보았듯이 아시아와 아프리카에서 도시가 커지고 있습니다. 2050년까지 세계의 농촌 인구는 31억 명이 줄어들 것으로 보여요. 아마도 21세기 말에는 인구의 절대다수가 도시에 살 것으로 유엔은 예측하지요.

전 세계 도시 인구 변화

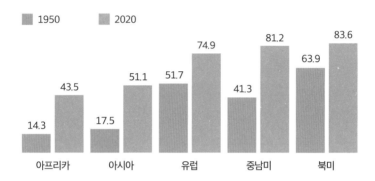

■ 1950   ■ 2020

	아프리카	아시아	유럽	중남미	북미
1950	14.3	17.5	51.7	41.3	63.9
2020	43.5	51.1	74.9	81.2	83.6

──o 1950년과 2020년을 비교한 대륙별 도시 인구 구성(단위: 퍼센트)

o 출처: 유엔인구국

아직은 '도시화' 정도가 지역마다 좀 달라요. 미국과 캐나다가 있는 북미는 이미 83퍼센트가 도시에 살고 있어요. 중남미는 81퍼센트, 유럽은 75퍼센트가 도시에 삽니다. 반면 아시아에서는 도시 인구 비율이 51퍼센트, 아프리카는 43퍼센트입니다. 그래서 이 두 대륙의 도시 인구가 앞으로 더 많이 늘어날 거라고 보는 거예요.

도시화가 빠르게 일어난 데는 여러 이유가 있었어요. 18세기 중반 영국에서 시작돼 세계로 퍼져 나간 산업혁명은 중요한 계기였습니다. 공장이 늘어나고, 도시에서 일할 사람들이 필요해졌죠. 1800년 영국의 런던 인구는 100만 명이었는데, 딱 10년 만에 그 6배가 됐습니다. 유럽과 미국의 시골에서 도시로 옮겨 가는 사람들이 늘어나더니, 아예 국경을 넘어서 일자리가 많고 더 발전한 다른 국가로 옮겨 가는 국제적인 이주(migration)가 줄을 이었지요.

이주
국경을 넘어서 다른 나라로 일자리, 교육의 기회 등을 찾아 삶의 거처를 이동하는 현상으로, 주로 1년 이상의 거주일 때 이렇게 정의한다.

전 세계 대부분의 도시는 주민 숫자가 100만 명 이하예요. 인구가 50만 명 이하인 도시에 사는 사람들도 많지요. 대체로 현재 도시 인구의 절반 정도는 인구 50~100만 명인 도시

⊸ 점차 가속화되는 세계의 도시화.

에 산다고 보면 됩니다. 하지만 도시화는 지금도 진행되고 있을 뿐 아니라, 도시의 규모도 점점 커지는 추세입니다. 인구 1,000만 명이 넘는 도시를 거대도시, 즉 '메가시티(megacity)'라고 합니다. 메가시티의 숫자는 1985년에는 9개였는데, 2010년에는 25개로 증가했어요. 지금은 전 세계에서 35~37개 도시가 메가시티로 분류됩니다. 그 가운데 절반은 중국과 인도에 있어요. 브라질, 일본, 파키스탄, 미국도 2개가 넘는 메가시티를 가지고 있죠. 2030년에는 메가시티의 수가 40개가 넘을 것이라는 예측이 나왔습니다.

메가시티와
슬럼

보통 어느 나라에서 도시화가 진행된다는 것은 산업이 발전하고, 경제가 커지고, 빈곤이 줄어드는 식으로 긍정적인 변화가 일어난다는 뜻이에요. 하지만 도시가 너무 커지면 여러 가지 문제도 같이 생겨요.

일자리를 찾아 도시로 오는 사람들이 많거나, 혹은 도시 자체의 출산율이 높아서 인구가 계속 늘어난다고 생각해 보세요. 그 사람들 모두가 어느 수준 이상의 교육을 받고 일자리를 구할 수 있다면, 모두가 어느 정도 편안하게 살 수 있는 따뜻한 방 한 칸이라도 갖고 있다면, 문제가 없겠지요. 하지만 현실은 그렇지 않습니다.

특히 아직 많이 발전하지 않은 나라에서 도시 인구가 크게 늘면, 그들을 받아들일 일자리가 모자라고 집도 모자라게 됩니다. 얼기설기 엮은 판잣집이 생겨나고, 때로는 전기도 수돗물도 들어오지 않는 곳에 수만 명에서 수십만 명이 모여 살게 되지요. 교육, 의료를 비롯해 모든 인프라가 부족하니까 아이들은 제대로 학교에 다니지도 못하고, 사람들의 건강도 나빠집니다. 잘 배우지 못하니 좋은 일자리를 얻을 길은 더 멀어지고, 에이즈나 코로나19 같은 질병이 더 많이 퍼지고, 돈도 없고 일할 곳도 없는 청년들이 많으니 지역에 따라서는 범죄나 폭력이 자주 일어납니다. 이런 곳들을 '슬럼(slum)'이라고 불러요. 흔히들 '빈민촌'이라고 하지요. 슬럼에 사는 사람이 전 세계에서 9억 명에 이른다고 해요.

그나마 몇백 년에 걸쳐 성장한 도시들은 문제를 해결하고 개선할 방안을 찾을 방도라도 있었지만, 아시아와 아프리카 등에서 갑자기 커져 버린 도시들은 그럴 만한 돈도, 시간도 없었어요. 그래서 마치 쌍둥이처럼 거대한 슬럼을 끼고 있는 대도시들이 많습니다.

2008년에 여러 영화제에서 상을 받은 유명한 영화가 있어요. 〈슬럼독 밀리어네어〉라는 작품인데, 인도의 경제 중심지인 뭄바이가 배경입니다. 뭄바이의 빈민가에 사는 18세 소년이 헤어진 여자친구를 찾기 위해서 여자친구가 좋아했던 퀴즈쇼에 출연해 상금을 받는 이야기예요. 거기 나오는 슬럼이 뭄바이의 다라비라는 곳인데, 주민이 100만 명이 넘어서 '세계에서 가장 큰 슬럼'이라고들 하지요. 뭄바이에는 다라비 말고도 슬럼이 많아요. 도시와 그 주변 인구가 2,100만 명인데 그중 절반은 빈민가에 산다는 통계도 있어요.

─○ 위 인도 뭄바이의 슬럼.

　　 아래 케냐 나이로비의 거대 슬럼인 키베라 지역.

아프리카 동부에 있는 케냐의 수도 나이로비에도 인구가 70만 명이 넘는 키베라라는 슬럼이 있고, 남아프리카공화국의 수도 케이프타운에는 40만 명 이상이 사는 카엘릿샤라는 슬럼이 있습니다. 파키스탄 카라치 부근의 오랑이타운은 주민이 240만 명인데 상당수가 슬럼 주민입니다. 아프리카에서 가장 큰 도시인 나이지리아의 라고스는 1,500만 명의 인구가 있는데, 그중 3분의 2가 빈민가에 살고 있어요.

한국에도 서울이나 부산 같은 대도시에는 '달동네', '꽃동네' 등으로 불리던 빈민가가 있었어요. 경제가 성장하고 법과 제도가 정비되면서 무허가 주택이 늘어서 있던 이런 곳들은 대부분 1970~80년대에 '재개발'이 진행돼 아파트촌으로 바뀌었지요. 특히 1988년 서울올림픽을 앞두고, 정부가 외국인 눈에 안 좋게 비칠까 봐 대대적으로 빈민가를 밀어 없애기도 했답니다. 가난한 이들을 폭력적으로 몰아낸 것이라 문제가 적지 않았지요.

다닥다닥 붙어 있던 낡은 집들이 없어지면서 도시의 풍경이 깨끗하게 바뀌었지만, 어디를 봐도 비슷비슷한 고층 아파트들로 채워진 획일적인 도시가 되어 버린 결과를 가져오기도 했습니다.

도넛이 되어 버린
도시

도시의 문제가 슬럼에만 있는 것은 아닙
니다. 오래전부터 '도시의 위기'로 거론돼
왔던 것은 교과서에도 등장할 만큼 잘 알려
진, 이른바 '도심의 공동화(空洞化)' 현상이에
요. 사람들이 일하기 위해 도시로 몰려든다
고 했는데, 도시 안에서도 기업이나 상점은
몇몇 지역에 모이게 되지요. 그런 곳을 도

도심 공동화
도시 중심부인 도심의
상주인구가 줄어드는 현
상. 인구 공동화, 혹은 중
심이 텅 비었다고 해서
'도넛 현상'이라고도 부
른다. 서울의 경우, 대표
적인 지역이 종로구와
중구다.

시의 중심지, 즉 '도심'이라고 불러요. 이런 곳은 땅값이 올라
가고, 거기 살던 사람들은 다른 지역으로 옮겨 가요. 즉, 상주
인구가 줄어들고 도넛처럼 중심이 텅 비는 현상이 나타나지
요. 경제 활동을 하는 곳과 사는 곳이 분리되는 거예요. 특히
20세기에 미국에서는 중산층 대부분이 승용차를 갖게 되면서,
도심으로 출퇴근할 수 있는 거리가 길어졌어요. 그래서 돈이
좀 있는 사람들은 도시를 떠나 교외로 옮겨 갔지요.

그렇다고 누구나 교외로 옮겨 갈 수 있는 것은 아니었어요.
교외로 이사 나갈 돈이 없는 가난한 사람들은 낡아빠진 도심
의 주택에 어쩔 수 없이 남아야 했습니다. 도심에 있지만, 너

도시

무 낡아 값도 오르지 않고 시설이 나빠 살기도 힘든 곳에 머물게 되는 거지요. 이러면 도심에 그나마 남은 사람들에게는 학교도 없고, 공원도 부족하고, 주거 환경이 갈수록 나빠지게 됩니다. 뉴욕과 런던도 제2차 세계대전 뒤에 한 차례씩 이런 위기를 맞았어요.

그럼 어떻게 해야 할까요? 도넛처럼 속이 비어 버린 도시를 살려야지요. 요즘에는 이런 작업을 '도시재생'이라고 합니다. 런던은 낡은 창고와 항구 주변의 건물을 쇼핑몰로 바꿨고, 뉴욕은 공업 지역에 임대주택을 지어 주민을 다시 끌어모았어요. 예전에는 도시의 낡은 주거 지역을 불도저로 싹 밀어내고 아파트 단지 같은 대규모 주택단지를 짓는 '재개발'이 많았어요. 하지만 요즘에는 좀 다릅니다. 도시의 인구를 더더욱 늘리는 그런 개발도 하지만, 공공기관이나 민간 단체가 머리를 맞대고 '옛 건물에 새 옷을 입히는' 도시재생도 많이 합니다.

독일 함부르크에서는 버려진 낡은 주택가에 젊은 예술가들이 들어가서 특색 있는 동네를 만들었다지요. 세계 곳곳에, 그리고 한국에서도 여러 도시에 그런 사례들이 있어요. 도심이 망가져서가 아니라, 항구나 공장 시설이 더 이상 필요하지 않아 버려졌을 때 그 공간을 그대로 살리면서 새롭게 꾸미는 경

—o 위 1990년대 초반 함부르크 운하에 늘어선 오래된 공장 건물들.

아래 역사적인 건물을 살리면서 위에 새로운 건축적 가치를 더해 탄생
한 함부르크의 랜드마크, 콘서트홀.

우도 많습니다.

때론 그렇게 공들여 살려 놓은 동네가 다시 망가지는 일도 있어요. 다시 꾸며 활기를 띠게 된 도심에 다시 사람들이 몰려드는 거예요. 그 동네를, 거리를 살린 것은 돈 없는 젊은 사업가나 예술가들인데, 건물주는 다른 곳에 사는 돈 있는 부자들인 경우가 많아요. 동네가 살아나니까 그들이 임대료를 올리고, 그러면 세입자는 억울하지만 쫓겨나는 것을 '젠트리피케이션(gentrification)'이라고 해요. 1960년대에 노동자가 많이 살던 런던의 한 지역에 중산층, 영국식으로 표현하면 '젠트리(gentry)'라는 계급이 몰려들었던 데서 비롯된 말입니다.

태어나고 성장하고 변모하고, 도시의 탄생과 재생

살았다 죽었다…… 이쯤 되면 도시가 꼭 생명체 같지요? 사실입니다. 도시는 태어나고 성장합니다. 앓기도 하고, 때론 죽기도 합니다.

미국의 디트로이트. 미시간주에 있는 도시예요. 미국 내륙에 있는 거대한 다섯 호수를 5대호라고 불러요. 그 5대호와 이어지는 디트로이트강이 있어요. 항구를 낀 도시여서 수송과

산업이 일찍부터 발달했는데, 디트로이트를 가장 유명하게 만든 것은 자동차산업이었지요. 그래서 자동차의 도시라는 뜻에서 '모타운(motown, motor town의 혼합어)'이라 불렸어요. 미국의 대형 자동차회사인 제너럴 모터스와 포드는 지금도 이곳에 본사를 두고 있습니다.

하지만 큰 위기가 있었습니다. 1960~80년대를 거치면서 일본과 한국을 비롯한 아시아 국가와 유럽 국가의 자동차산업이 크게 발전했고, 그래서 세계 시장에서 미국 자동차회사들이 위기를 맞았는데 그게 고스란히 디트로이트라는 도시의 위기로 이어진 거예요. 자동차 공장의 일자리가 줄어들면서 도시의 경제가 나빠졌고, 도심 인구가 크게 줄었습니다. 1950년에 디트로이트 주민이 185만 명이었는데, 지금은 60만 명이 조금 넘어요.

주민이 줄어든 데다 남은 주민의 소득도 줄었어요. 당연히 주민이 내는 세금도 줄었죠. 도시의 곳간이 빈 거예요. 결국 2013년 디트로이트시는 법원에다 '파산 신청'을 했습니다. 1년여 만에 파산 상태에서는 벗어났지만, 다시 세계 자동차산업의 중심이 되어서 번영하기가 쉽지는 않겠지요.

그 대신에 디트로이트가 추구하는 것은 문화와 서비스산업

—○ 유네스코가 선정한 '디자인의 도시'로
재탄생한 디트로이트.

이에요. 과거 경제가 좋았던 시절에 모타운에서는 재즈, 힙합, 록, 펑크 같은 장르가 발전했고, 또 그 시절 지어진 독특한 건축물도 많거든요. 그런 역사를 바탕으로 건물을 보수하고, 강변에 도시재생 사업을 벌여 경관을 꾸미고, 새로운 사업으로 새 주민을 끌어모으는 노력을 하고 있답니다. 그 덕에 2015년 디트로이트는 유네스코가 뽑은 '디자인의 도시'로 선정됐습니다.

　디트로이트의 사례는, 산업이나 경제의 흐름이 도시에 미치는 영향을 그대로 보여 줍니다. 쇠락한 도시를 살리기 위한 힘겨운 노력, 그리고 그 노력이 어떻게 성과를 거두는지를 증명해 주고요.

근대문화유산
우리나라의 근대화 과정에 공헌한 산업, 교통, 토목 문화재와 근대화 과정에서 나타난 건축과 생활양식 문화재를 포괄적으로 총칭하는 용어를 뜻한다.

그런 사례가 디트로이트만이겠어요? 인천이나 군산처럼, 일본 점령기에 한반도의 물자를 일본으로 실어 날랐던 항구가 있는 도시들이 일제의 흔적이 남아 있는 시설을 모두 없애 버리는 대신에 '근대문화유산'으로 보고 새롭게 꾸며 관광객을 모으고 있습니다.

우리는 어떤 도시를 꿈꾸는가

2019년 10월 말부터 인도의 델리는 짙은 스모그에 덮였습니다. 델리의 대기오염은 어제오늘 일이 아니지만, 그해의 스모그는 유난히 심각했지요. 결국 델리시는 자동차 끝자리 홀수-짝수를 나누는 차량 2부제를 시행했고, 모든 학교는 학생들에게 마스크 500만 장을 나눠 줬습니다.

세계 곳곳의 공기가 얼마나 깨끗한지 측정하는 대기질지수(AQI)가 있는데, 이 시기 델리의 미세먼지 농도는 같은 시기 서울의 30배 가까이 올라갔습니다. 성난 시민들은 앞을 내다

—o 2020년 인도 델리. 도시의 삶을 무너뜨리는 살인적인 미세먼지.

보기도 힘든 먼지 속에 시내에 나와 대기오염 대책을 요구하는 시위를 했지요.

사람이 많고 자동차도 많으니 도시의 공기 질이 나빠집니다. 산업 시설을 외곽으로 옮기고, 공장이 멋대로 오염물질을 내뿜지 못하도록 강하게 규제하고, 자동차도 매연을 덜 내뿜게 해야 하는데 그런 행정을 제대로 못하면 공기가 나빠집니다. 건강하게 잘 먹고 필요하면 병원에 언제든 갈 수 있

대기질지수
대중에게 영향을 미치는 공기오염 정도에 대한 척도가 되는 지표. 6가지 오염물질인 초미세먼지, 미세먼지, 오존, 이산화질소, 일산화탄소, 아황산가스 무게를 측정하는 방식으로 이루어진다.

는 사람은 그래도 괜찮겠지만, 나쁜 공기 속에서도 일해야 하고 병에 걸린들 치료도 못하는 가난한 이들은 그 피해를 고스란히 떠안습니다.

사람이 생산하는 것은 서비스와 재화만이 아니지요. 우리가 먹고 쓰는 모든 것은 결국 쓰레기가 됩니다. 세계은행에 따르면, 2016년 인류가 내놓은 쓰레기의 총량은 20억 톤이었는데 2050년이 되면 그 2배 가까운 34억 톤이 된다고 합니다.

매일 우리는 무언가를 버리지만 정작 그 많은 쓰레기가 우리의 눈에는 잘 보이지 않지요. 누군가가 수거해 가니까요. 쓰레기를 처리하는 데도 돈이 들어갑니다. 그만한 돈이 없고 행

정 능력도 없는 빈국의 도시들에서는 쓰레기가 빈터에 쌓이고, 강이나 바다나 산지에 버려져 오래도록 환경을 오염시킵니다.

이렇듯 도시는 인류의 위대한 발명품이자, 공들여 관리하지 않으면 안 되는 복잡한 유기체입니다. 하지만 도시에는 많은 사람이 살고 있고, 도시를 어떻게 관리해서 어떤 모양으로 가꿔 가고 싶은지에 관한 생각도 다양할 수밖에 없어요. 어떤 도시는 거대한 기념비 같은 건축물, 요즘 유행하는 말로 '랜드마크'를 지어서 세계에서 유명해지는 것을 선택하고, 또 어떤 도시는 디지털과 정보기술산업을 키우는 첨단도시가 되는 길을 찾지요. 지리적인 이점을 살려 교통의 '허브(중심)'가 되려는 도시도 있고요. 공원을 늘리고, 자동차보다는 자전거와 사람이 움직이기 편한 녹색 도시를 지향할 수도 있습니다. 개발이나 건설에 치중하기보다는, 좀 느리더라도 조용하고 편안하고 소박하게 행복을 누리는 '슬로시티(Slow City)'의 길을 선택하는 곳도 있고요. 어떤 길을 갈지는 그 도시에 살고 있는 사람들의 뜻에 달려 있을 거예요. 이렇게 보면 도시는 그곳에 사는 사람 모두가 함께 꾸는 꿈이라고 볼 수 있겠지요. 여러분은 어떤 도시를 꿈꾸나요?

놓치지 마요

도시 핫&이슈

수도권 인구, 전체 한국 인구 절반 넘어

2019년 서울과 경기, 인천 등 수도권 인구가 약 2,600만 명으로 한국 전체 인구의 절반을 넘어섰다. 한국 전체 면적의 12퍼센트에 불과한 수도권이 경제력과 인구에서도 그 나머지 지역 전체를 앞섰다.

인구 감소에 맞춰 도시계획 지침 바꾼다

국토교통부는 현재의 '도시·군기본계획수립지침'을 개정할 계획이며, 이를 위해서 2022년 12월 '도시계획 연구용역 보고회'를 열었다. 유연하고 과학적인 도시계획을 통해 인구 감소와 저성장에 따른 문제들을 해결할 필요가 있기 때문이라고 밝혔다.

사람 떠난 구도심 살리자……도시재생 추진하는 청주시

충북 청주시는 한때 문화와 상권의 중심이었지만 점점 사람의 발길이 끊긴 도심을 다시 살리기 위해 도시재생 사업을 벌일 계획이다. 특화된 상점 거리를 만들어서 상권을 회복하고, 걷기 편하도록 보행환경을 개선한다. 청년 창업을 지원해 주는 허브센터와 주민을 위한 복합 커뮤니티 공간도 만든다.

도시를 살리기 위해 월드컵을 유치해야 할까?

○ 찬성 ○

1. 세계적인 축제보다 도시 살리기에 좋은 방법은 없다

서울올림픽, 한일월드컵, 카타르월드컵을 생각해 보자. 도시를 알리는 데 세계적인 축제를 유치하는 것보다 좋은 방법은 없다.

2. 국제적 행사는 곧 관광객과 돈으로 직결된다

그런 큰 행사를 하면 일단 관광객이 많이 들어온다. 그들이 쓰는 돈만 해도, 그 도시에 사는 수많은 사람에게 큰 도움이 된다.

3. 인프라 투자와 확보 등 장기적인 효과도 있다

행사가 열리는 며칠 동안만이 아니라 장기적인 경제 효과도 봐야 한다. 국제적 행사를 준비하는 동안 건설에서부터 인프라 투자까지 돈이 돌게 되고, 그 결과물은 오래도록 남는다.

그래, 도시를 살리기 위한 투자와 홍보로는 최고지!

아니야, 들인 비용만큼 효과가 있다고 장담할 수 없어!

✖ 반대 ✖

1. 이미 알려진 도시라면 비용 대비 효과가 미미하다

세계에 아직 잘 알려지지 않은 도시라면 모를까, 이미 인구가 너무 많고 널리 알려진 도시에 국제행사를 유치한들 큰 효과는 없다.

2. 비용과 비교해 수입이 오히려 적을 수 있다

경기장을 짓고 도로를 까는 데 돈이 들어가는 것에 비해, 실제 올림픽이나 월드컵으로 벌어들이는 돈은 그리 많지 않거나 오히려 적다는 연구 결과도 있다.

3. 일회성의 큰 행사보다 문화와 친환경 투자가 필요하다

이벤트로 손님을 끄는 것은 오래 가지 않는다. 문화예술 같은 소프트웨어를 키우고 친환경 도시로 만드는 것이 훨씬 내실이 있다.

4.

인구

지구의 역사를 만들어 온 주인공

유엔인구기금(UNFPA)이 운영하는 '세계 인구시계'는 현재 지구상에 얼마나 많은 인구가 살고 있는지를 실시간으로 보여 줍니다. 2022년 11월 15일, 드디어 이 시계가 80억 명을 가리켰어요. 안토니우 구테흐스(Antonio Guterres) 유엔사무총장은 "산모와 아기들이 사망하지 않게 하고 기대수명을 늘린 보건 분야의 발전"을 높이 평가했습니다. 세계 인구가 이렇게 늘어난 것은 경제가 발전하면서 먹거리, 즉 영양 공급이 늘어나고 의료 기술이 발달한 덕입니다.

앞으로 60년 뒤까지도 세계 인구는 계속 늘어날 것으로 예상됩니다. 하지만 인구증가율은 계속 떨어지고 있어요. 인구가 늘어난다 해도 점점 더 완만히, 느리게 늘어나는 거죠. 당장 우리나라만 해도 '저출생'을 걱정하잖아요. 인구가 점차 고령화되면서 일할 사람이 줄어든다고 걱정하는 나라들도 많습니다.

한 나라에서 다른 나라로 사람들이 이동하는 현상 역시 인구 문제에서 살펴봐야 할 주제입니다. 교통 기술이 발달하고 세계가 서로 문호를 개방하면서 사람들은 일거리를 찾거나, 더 나은 기회를 찾아 국경을 넘어 이동하게 되었습니다. 인구의 흐름은 특

저출생
출생인구 자체가 적다는 의미다. 가임 여성이 아이를 몇 명 낳는지를 알아보는 출산율(birth rate)은 인구가 얼마나 증가할지를 가늠하는 수치로 활용되어 왔다. 그러나 아이를 낳지 않는 것은 사회구조적인 문제라는 맥락을 강조하기 위해 최근에는 '저출산' 대신 '저출생'이라는 용어가 쓰이고 있다.

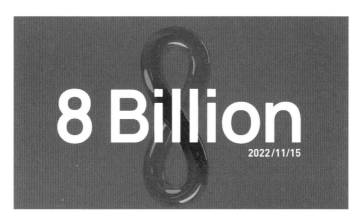

─○ 2022년 11월 15일, 처음으로 '80억 명'을 표시한 세계 인구시계

○출처: 유엔인구국

히 경제적, 정치적 배경과 떼려야 뗄 수 없는 관계이기도 하죠.

80억 명의 사람들이 살아가는 지구. 앞으로 인구는 어떤 모습으로 변화하게 될까요?

"맬서스는
틀렸다"

오랫동안 인구가 늘어난다는 건 축복이었습니다. 수렵 사회나 농경 사회에서 한 집안과 마을에 사람이 태어난다는 것은 일할 수 있는 노동력이 늘어나는 것을 뜻했기 때문입니다. 하지만 위생이나 영양 상태가 좋지 않았던 과거에는 태어나서 얼마 지나지 않아 사망하는 아이들이 많았습니다. 지금이야 아이가 태어나자마자 출생신고를 하지만, 옛날에는 아이가 태어나서 어느 정도 자란 뒤에야 이름을 붙여 주었다고 합니다. 그만큼 어린아이의 사망률이 높았다는 이야기일 겁니다. 자연스럽게 인구가 증가하는 속도도 빠르지 않았지요.

1752년이 되어서야 세계 인구가 처음으로 10억 명을 넘어섰고, 20억 명에 이른 건 1927년 정도로 추정됩니다. 하지만 그 이후 인구증가 속도에 가속이 붙습니다. 10억 명에서 20억 명이 되는 데 약 130년 걸렸지만, 20억 명에서 30억 명으로 느는 데는 32년, 이후로 10억 명씩 늘어나는 데는 채 15년이 걸리지 않았지요. 유엔은 현재 80억 명인 지구 인구가 2030년 85억 명, 2050년 97억 명을 지나 2100년이면 112억 명이 될 거라고 추측하고 있습니다.

인구 집계를 시작한 이후 최초로 한국은 2021년에 인구가 줄어들었습니다. 일본은 한국보다 앞선 2008년에 이미 인구 감소가 시작됐다고 하지요. 유엔에 따르면, 2022년에서 2050년 사이에 인구가 1퍼센트 정도 줄어들 거로 예상되는 국가가

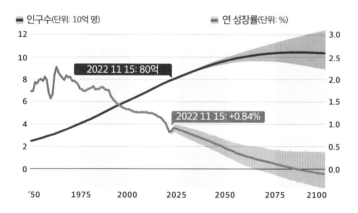

세계 인구 추이 전망

ⓞ 출처: 유엔인구국, 평균출생률을 고려했을 때 2022년부터의 인구 예측치

61개국에 달한다고 합니다.

　지난 200년 동안 이렇게 인구가 폭발적으로 증가한 이유는 무엇일까요?

　많은 사람이 그 이유로 산업혁명을 꼽습니다. 18세기 중반에서부터 19세기 초반에 일어난 산업혁명으로 인해 식량 생산과 가용 자원이 엄청나게 늘어났기 때문이지요. 또 의학이 발달하면서 여러 종류의 질병을 예방하고 치료할 수 있는 능력이 향상된 점도 이유로 들 수 있습니다.

　바로 이 산업혁명 시기를 살았던 영국의 경제학자 토머스 맬서스(Thomas Malthus)는 『인구론』이라는 책을 썼어요. 다른 사람들은 인구의 증가를 긍정적으로 바라보았지만, 맬서스의 생각은 달랐습니다. 『인구론』에서 맬서스는 인구는 25년마다 2배 증가하는 경향이 있다면서 "인류는 1, 2, 4, 8, 16, 32, 64, 128, 256, 512로 증가할 것이고, 식량은 1, 2, 3, 4, 5, 6, 7, 8, 9, 10으로 증가할 것"이라고 밝혔습니다. 토지는 한정돼 있으므로 노동력 증가만으로는 생산이 부족할 수밖에 없다는 거죠. 이렇게 되면 식량이 부족하게 되

산업혁명
영국에서 일어난 방적기의 개량을 시작으로 한 기술혁명으로, 18세기 중반에서 19세기 중반 사이에 유럽 여러 나라로 확산하였다. 이 시기에 수공업체제가 대규모 공장제 기계공업으로 전환되면서 자본주의 경제가 확립되었다.

고, 인류에 큰 비극이 초래될 수 있으므로 인구를 억제해야 한다는 것이 맬서스의 주장이었습니다. 1789년에 이 책이 출간되자, 이른바 '인구 종말론'이 세간을 떠들썩하게 했습니다.

맬서스의 주장에도 일리는 있습니다. 실제 인구는 산업혁명 시기 이후로 속도를 줄이지 않고 증가해 왔고, 현재도 증가하고 있으니까요. 그런데 만약 그의 주장이 옳았다면 지금쯤 지구는 인구 증가로 인해 종말을 맞았어야 했는데, 우리는 어떻게 이렇게 살아남을 수 있었을까요?

그 해답은 바로 기술에 있습니다. '농업혁명'이라고 불리는 것이 그 핵심이었는데, 질소를 활용해 화학비료를 만들 수 있는 기술이 개발되면서 토지에서 생산되는 식량의 양이 증가했던 겁니다. 또 가축을 길러 내는 방식도 변화하기 시작해 고기 생산량도 늘어났고요.

여기에다 도시화도 인구 변화에 큰 역할을 합니다. 일자리를 찾아 도시로 사람들이 몰려들면서 도시에서 생존하기 위한 비용이 점점 커졌습니다. 도시에 사는 사람들로서는 농촌에서처럼 자녀를 많이 낳아 키우는 게 부담스러울 수밖에 없었던 것이지요. 유럽이나 북미 등에서 경제 규모가 커지고 소득이 높아지면서 출생률이 줄어들고 인구의 자연증가율이 둔

화하는 현상이 이를 증명합니다.

세계 인구대국은
어디?

부유한 나라들의 인구증가율이 대체로 정체되는 현상을 보이는 반면, 개발도상국의 인구는 계속 증가세입니다. 유엔에 따르면 1인당 소득이 낮을수록 출산율은 높은 경향을 보인다고 해요. 실제로 2022년 인구가 가장 빠르게 증가한 국가 가운데 46개국이 최빈국이었다고 합니다. 특히 사하라 이남 아프리카 국가들이 많은데, 이들 국가에서 2100년까지 꾸준히 인구가 증가하면서 2050년까지 인구증가 추정치의 절반 이상을 차지할 것으로 예측됩니다.

2022년 유엔 세계인구전망 보고서에 따르면, 세계 인구가 가장 많이 사는 지역은 아시아입니다. 전체 인구의 61퍼센트가 아시아에 살지요. 그 가운데서도 동아시아·동남아시아 인구가 23억 명으로 세계 인구의 29퍼센트를 차지했고, 중앙아시아·남아시아에 21억 명(26%)이 거주한다고 합니다. 그 뒤를 이어 아프리카에 13억 명(17%), 유럽 7억 5,000만 명(10%), 중남미 6억 5,000만 명(8%), 북미와 오세아니아 4억 2,000만 명

—○ 2023년 세계 1위 인구대국이 된 인도.

(5%) 순입니다.

2022년 통계에서 중국은 약 14억 2,600만 명으로 최대 인구대국 1위를 유지했어요. 2위는 매우 근소한 차이인 14억 1,200만 명을 기록한 인도였습니다. 다음으로는 미국(3억 3,700만 명), 인도네시아(2억 7,500만 명), 파키스탄(2억 3,400만 명), 나이지리아(2억 1,600만 명), 브라질(2억 1,500만 명) 등이 뒤를 이었습니다.

그런데 유엔은 이 보고서에서 2023년이 되면 인도의 인구가 중국을 앞지를 것으로 내다봤어요. 2050년 추정치를 보면 인도의 인구는 16억 6,800만 명에 이르러, 13억 1,700만 명인 중국을 앞서게 될 것으로 추측해요. 실제 2023년 1월에 중국은 인구가 14억 1,180만 명으로, 1961년 이래 최초로 인구가 감소했다는 통계를 발표했어요. 비슷한 시기에 외신들은 한 인구조사기관의 실시간 인구 통계를 인용해, 현재 인도 인구가 14억 2,300만 명으로 이미 중국을 넘어섰을 거라는 관측을 내놓기도 했지요. 중국은 인구 통계가 공개된 수십여 년간 줄곧 부동의 1위였는데, 이제 인도에 인구대국 1위를 내주게 된 것이지요.

중국의 인구증가에 브레이크를 건 것은 '한 자녀 정책'입니

─○ 2023년 인도에 인구대국 1위 자리를 내어준 중국.

다. 1960~1970년대 중국 인구가 폭발적으로 증가하자 식량이
부족해지지 않을지, 부양 비용이 늘어나지 않을지 등을 우려
해 정부가 인구증가를 강력히 통제한 겁니다. 이 정책에 따라
소수민족과 일부 예외적인 경우를 제외하고 모든 가정에서는
자녀를 1명만 낳고 길러야 했습니다. 만약 이를 어길 시에는
엄청난 벌금이 부과됐지요. 벌금을 감수하고 둘째 또는 셋째
를 낳더라도 각종 교육, 의료 혜택을 받을 수 없었다고 해요.

　한 자녀 정책으로 인구증가는 크게 억제됐지만, 부작용도
만만찮았습니다. 개인의 자유를 제한한 것은 물론이고, 남아

선호 사상이 강한 중국에서 성감별을 통한 낙태가 암암리에 많이 이뤄졌거든요. 출생률 자체가 줄어들면서 인구 증가세가 꺾였고, 특히 젊은 세대 인구가 급격히 줄면서 고령화가 빠른 속도로 진행되는 등 인구구조가 급격하게 변했습니다.

이런 문제를 인식한 중국 정부는 2013년 11월에 부부 중 한 명이라도 외동이면 아이를 두 명 낳을 수 있도록 해 사실상 두 자녀 출산을 허용했고, 한 자녀 정책을 시행한 지 35년 만인 2015년에는 두 자녀까지 공식적으로 허용했습니다. 그래도 출생인구가 줄어들자, 2021년 세 자녀 정책까지 시행하기 시작했습니다.

반면에 인도처럼 인구가 계속해서 늘어나는 나라들도 많습니다. 2050년까지 인구증가 추정치의 절반 이상이 콩고민주공화국, 이집트, 에티오피아, 인도, 나이지리아, 파키스탄, 필리핀, 탄자니아 등 8개국에 집중돼 있다고 해요.

나이지리아는 현재 인구 6위 국가이고, 인구의 70퍼센트 가까이가 25세 미만입니다. 매우 젊은 나라지요. 개발도상국의 인구구조는 나이지리아처럼 유소년층이 많고 성인, 노년층으로 갈수록 그 숫자가 줄어드는 피라미드형입니다. 피라미드형 인구구조에서는 유소년 부양비가 높고, 경제성장률이 뒷받

침되지 않는 경우 젊은 층의 실업률이 높게 나타나곤 합니다.
반면 노년 부양비는 낮지요.

나이 들어가는
나라들

유소년 인구는 적은데 성인층과 노년층 인구가 많은 국가
들도 있습니다. 이 경우에 인구가 고령화되고 노년층 부양비
가 급격히 증가하는 것 아니냐는 우려가 나옵니다. 보통 생산
가능인구를 15~64세로 보는데, 여기에 해당하는 인구가 계속
줄어들 것이기 때문입니다.

몇 살부터가 노인인지 정해진 기준은 없습니다만, 유엔
은 여러 문서에서 65세 이상 인구가 전체 인구에서 차지하
는 비중이 7퍼센트 이상이면 '고령화사회(aging society)'라고 부
릅니다. 14퍼센트가 넘으면 '고령사회(aged
society)', 20퍼센트가 넘으면 '초고령사회
(post-aged society)'로 분류합니다. 기대수명이
늘어나고 출산율이 떨어지면서 사실 인구
의 고령화는 전 세계적으로 나타나는 현상
입니다. 독일, 일본, 이탈리아 등 어느 정도

고령화 요인
65세 이상 인구가 7퍼센
트를 넘기 시작하는 고
령화 사회에서 그 요인
은 출생률 저하와 사망
률 저하에 있다.

경제성장을 이룬 여러 국가에서 인구 고령화가 진행됐거나 진행 중이지요. 전 세계적으로 보자면, 2050년이 되면 전체 인구의 16퍼센트가량이 65세 이상의 노인이 될 거라고 예측합니다.

　그중에서도 범위나 속도 면에서 볼 때 일본, 한국, 중국 등 동아시아 국가에서 고령화 현상이 빠르게 나타나고 있습니다. 한국의 65세 이상 고령인구는 2020년 815만 명이었는데, 2024년에 1,000만 명이 넘을 것이라고 전망합니다. 전체 인구에서 고령인구가 차지하는 비중 역시 빠르게 증가해 2025년

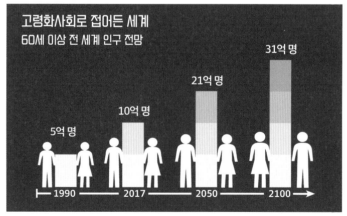

고령화 사회로 접어든 세계
60세 이상 전 세계 인구 전망

5억 명
1990

10억 명
2017

21억 명
2050

31억 명
2100

◉ 출처: 유엔인구국(2017)

20퍼센트, 2035년 30퍼센트, 2050년 40퍼센트를 넘어설 것으로 보인다고 해요. 2050년이면 인구 10명 가운데 4명이 65세 이상이 될 거라는 거지요.

이미 고령사회에 진입한 중국에서도 고령화 현상을 국가적 차원에서 고민하고 있습니다. 일본이나 한국보다 고령화의 속도가 매우 빠르기 때문이죠. '웨이푸센라오(未富先老)', 즉 '부자가 되기 전에 이미 늙어 버렸다'라는 말이 생겨날 정도랍니다. 사회 안전망이 탄탄하지 못한 상태에서 고령인구가 급격히 증가할 경우, 가계와 경제에 부담이 될 것이라는 걱정이 흘러나옵니다.

고령화 속도가 빠른 상황에서는 노인의 일자리나 빈곤 문제 등도 해결해야 할 과제로 떠오르고 있습니다. 한국의 경우를 볼까요? 한국은 가처분소득을 기준으로 한 노인빈곤율이 경제협력개발기구(OECD) 가운데 가장 높은 국가로 나타났습니다. 평균적으로 노인이 가난하다는 얘기죠. 노인의 빈곤 문제를 개인의 문제라고 치부하기에는 구조적인 문제가 있습니다. 젊은 시절 소득

가처분소득
개인이 벌어들이는 돈 중에 빚을 갚는 데 쓰는 것 등을 빼고 실제로 자유롭게 쓸 수 있는 돈. 소비와 구매력의 원천이 되기에 중요한 의미가 있다.

사회안전망
모든 국민을 실업·빈곤·재해·노령·질병 등 사회적 위험으로부터 보호하는 제도적 장치로서, 사회보험과 공공부조 등 기존 사회보장제도에 공공근로사업, 취업 훈련 등을 포괄한 개념.

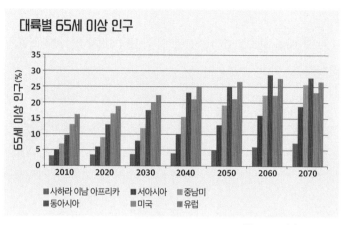

○ 출처: newsecuritybeat.org

을 벌고 자산을 쌓기 어려운 상황이었다면, 경제 활동량이 줄어드는 노년에 접어들면서 더욱 극심한 빈곤 상태에 빠질 수밖에 없습니다. 연금 같은 사회안전망이나 노인 일자리 등 정부 개입이 필요하지요.

또 노인을 누가 돌볼 것이냐는 현실적인 문제도 있습니다. 특히 자식이 나이 든 부모를 모시며 부양하던 전통적인 '가족 돌봄'이 점차 희미해지고, 가족뿐만 아니라 정부와 사회에도 노인을 돌볼 책임이 있다고 생각하는 사람들이 점차 늘어나고 있습니다. 그렇다 보니 돌봄은 시설에서 '간병인'이라고 불리는 전문 인력에 외주화하고 있습니다. 이미 다른 분야에서 외국인 노동자가 활동하고 있듯이, 돌봄 노동도 마찬가지입니다. 일본에서는 간병에 종사할 노동력인 외국인에게 취업 비자를 발급하고 있고, 한국에서도 이미 많은 중국 교포가 관련 일을 하고 있어요.

또 노인요양 시설이 먼저 보편화된 서구에서는 노인을 돌보는 데 로봇, 즉 '케어봇(carebot)'을 활용하는 사례가 늘고 있습니다. 환자를 들어 옮기거나 약이나 음식을 나르는 간단한 업무에서부터 함께 퀴즈를 풀고 노래하고 말동무까지, 다양한 로봇이 현장에 투입되고 있다고 해요.

깻잎은
누가 딸까?

이주노동자는 이미 여러 국가에서 경제적으로 중요한 위치를 차지하고 있습니다.

2021년 한국의 총인구 대비 외국인 주민 비율은 4.1퍼센트로, 25명 중 1명은 외국인입니다. 충북 음성은 외국인 주민 비율이 14.7퍼센트, 경기 안산은 13.2퍼센트, 서울 영등포는 12.7퍼센트, 전남 영암은 12.5퍼센트가 외국인 주민으로 이루어져

—o 위 방글라데시 이민노동자들.

아래 이민노동자의 권리를 인정해 달라는 노동자의 날 시위 현장.

있습니다. 이들은 대부분 농업, 공업, 서비스업, 어업 등 다양한 분야에서 일하고 있지요. 국내에서 일손을 구하기 어려운 현장이 대부분으로, 이들 외국인 노동자가 없다면 한국이 제대로 돌아가지 않을 거라는 말도 나옵니다. 이주노동자의 삶을 담아낸 『깻잎 투쟁기』라는 책을 보면, 깻잎, 고추, 토마토, 딸기, 김, 달걀, 돼지고기 등 먹을거리 가운데 이주노동자의 손을 거치지 않은 것을 찾기 힘들다는 것도 알 수 있지요.

아예 이주민이 자국민과 비교해 월등히 많은 지역도 있습니다. 중동 걸프(페르시아만)의 국가들은 1970년 석유개발 붐을 바탕으로 수많은 이주노동자를 받아들였어요. 경제가 빠르게 성장하면서 노동력이 많이 필요해졌기 때문입니다. 2020년을 기준으로 아랍에미리트 인구의 약 90퍼센트가 이주민이었어요. 앞 장에서 살펴봤듯이 카타르와 쿠웨이트도 사정이 비슷하고요.

초기에 이주민들은 주로 예멘이나 이집트, 요르단 등에서 왔으나, 2000년대 들어 파키스탄, 인도, 방글라데시, 필리핀 등 남아시아 노동자 비율이 점점 커졌고 현재 이들이 이민자의 대다수를 차지합니다. 민간 부분의 노동력 대부분을 이들이 제공하면서 이주노동자 없이는 사실상 사회가 움직이기 힘든 나라도 있어요.

하지만 이주노동자가 제대로 대우받지 못한다는 지적은 계속 나왔습니다. 걸프 국가는 대부분 '카팔라'라는 신원보증제도를 두고 이주노동자를 관리해요. 그 나라 국적을 가진 누군가가 신원을 보증해 줘야 외국인이 들어가서 일할 수 있는 거지요. 그러니 일하려는 사람은 보증인에게 잘 보이고 시키는 대로 하는 수밖에 없습니다. 임금이 밀리거나 학대를 당해도 항의하기가 어렵겠지요. 이주노동자들이 제대로 된 안전 장비도 없이 무더위 속에서 축구장을 짓다가 숨지는 일이 잇달아 일어나 2022 카타르월드컵의 쟁점이 된 것도 이 때문입니다.

다양한 국적, 인종, 민족이
어울려 사는 오늘의 세계

세계 여러 국가로부터 이민을 받아들이며 다양한 인종이 어울려 사회를 구성한 미국에서는 인종 구성의 변화 또한 나타나고 있어요. 2020년 인구조사에서 전통적으로 가장 많은 인구를 차지했던 백인 수가 처음으로 줄어든 것이죠. 비중으로 보자면 백인은 57.8퍼센트로, 여전히 가장 높은 비중을 차지합니다. 이어 히스패닉(중남미에서 온 스페인어 사용자들) 18.7퍼

—○ 다양한 인종, 종교, 문화의 사람이 하나의 미국 국기 아래 모여 있다.

센트, 흑인 12.4퍼센트, 아시아계 6퍼센트로 나타났어요. 압도적 다수였던 백인의 비중이 줄어들고, 히스패닉이 흑인보다 많아지게 된 거지요. 캘리포니아주에서는 히스패닉 비율이 백인을 넘어서기도 했고요. 또 텍사스주, 뉴멕시코주, 네바다주에서는 백인보다 비백인 인구가 더 많은 것으로 조사됐다고 합니다.

회원국 사이의 자유로운 이동을 보장한 유럽에서는 난민을 둘러싸고 개별 국가 간의 입장 차이가 나타나고 있습니다. 2000년대 들어 북아프리카와 중동 지역에서 난민이 대거 유럽으로 넘어오면서 EU 차원에서 공동 대응을 하고는 있어요. 하지만 한 국가 안에서도 난민 정책을 둘러싸고 다양한 의견이 표출되고 있고, 정치적 쟁점으로까지 이어지면서 예민한 사안이 되어 버렸기 때문입니다. 독일과 함께 대표적인 난민 수용국이던 프랑스의 경우, 인도적 차원의 난민 포용보다는 경제 이민을 강조하는 쪽으로 선회하는 등 난민 유입이 늘어남에 따라 정책이 변하기도 합니다.

이렇게 살펴보니 국가를 이루는 사람들의 국적과 인종, 민족이 점점 다양해지는 것은 세계적인 흐름 같습니다. 불가피한 사정으로 고향을 등지는 이들도 있지만, 경제적 이유로 혹

은 더 나은 기회를 찾는다는 이유로 국경을 넘는 사람들이 점점 많아지고 있어요. 이 말은 한 국가의 인구 구성이 다양해지고 있다는 뜻입니다. 당장 내 주변의 이웃이 나와는 다른 인종, 문화권에서 온 사람일 수도 있다는 것이겠지요. 이미 어렵고 고된 작업을 외국인 노동자들의 손에 맡기고 있는 우리 사회도 비슷해질 가능성이 큽니다. 한 여성이 낳을 것으로 기대되는 평균 출생아 수가 1명이 채 되지 않는 초저출생 국가인데다, 노인 인구는 빠르게 증가하고 있기 때문이지요. 이러한 저출생, 고령화 현상이 앞으로 계속된다면 노동력은 줄어들 수밖에 없고 경제 활동을 지속하기 위해서는 다양한 형태의 이민을 받아들이고 조화롭게 공존해 나가야 하는 게 우리 미래의 현실이 될 거예요.

피부색이 다르다는 이유로, 다른 문화적 관습을 가졌다는 이유로 이들을 배척하고 혐오하는 말을 내뱉은 적은 없나요? 미국에서는 여전히 인종차별 때문에 숨지는 이들이 많아 "흑인의 생명도 소중하다"라고 외치는 시위가 종종 벌어지고 있어요. 한국에 거주하는 이주민들 역시 '한국인이 아니고 한국어를 못한다'라는 이유로 차별받는다고 느낀다는 조사 결과도 있습니다. 이제 '우리는 이주노동자 없이 살아갈 수 있을까?' '다양함을 받아들일 준비가 돼 있을까?'라는 질문을 스스로 던져 볼 때입니다.

중국, 이제 출산장려금에 휴가까지

중국의 지방정부가 세 아이를 둔 가정에 보조금을 주는 등 다양한 저출생 대책을 마련하고 있다. 베이징시는 셋째를 낳으면 출산장려휴가 30일을 더 주고, 배우자도 15일 휴가를 쓰도록 했다. 아이가 일정 나이가 될 때까지 보조금을 주는 지방도 있다.

50년 뒤 세계에서 가장 늙은 국가는?

한국의 65세 이상 인구가 전체 인구에서 차지하는 비중은 2022년 17.5퍼센트에서 2070년이 되면 46.4퍼센트로 늘어날 것으로 전망됐다. 한국은 세계에서도 특히 고령화가 빠른 것으로 나타났는데, 이는 세계 인구 10명 중 2명이 고령이 될 때 한국은 10명 중 5명이 고령이 되는 셈이다.

12월 18일은 세계 이주민의 날

2022년 12월 18일, 우리나라에서도 유엔이 정한 세계 이주민의 날을 맞아 전국 각 지역의 이주민단체와 노동단체가 기념행사를 열었다. 이들은 "이주노동자는 일회용품이 아니다"라면서 인종차별을 금지하는 법과 조례를 만들 것을 촉구했다.

인구, 이대로 증가해도 괜찮을까?

○ 찬성 ○

1. 사회를 유지하기 위해서라도 인구는 증가해야 한다

인구는 노동력을 제공하는 원천인데 사람들이 계속 태어나지 않는다면 이 사회가 어떻게 유지될 수 있을지 묻고 싶다.

2. 과학기술이 인구를 책임질 수 있다

맬서스는 식량이 부족해질 것을 우려했다지만, 앞으로도 과학기술로 인구를 충분히 부양할 수 있을 것이다.

3. 인구가 줄어드는 게 더 큰 문제다

인구가 너무 빠르게 줄어드는 것이 오히려 문제 아닌가? 세계적으로 인구 증가세가 둔화되는 추세인 만큼 현재 상황을 관리하면서 저출생, 고령화 시대에 어떻게 대응할지를 고민해야 한다.

그래, 새로운 인구가 태어나지 않는다면 생산력이 줄어들잖아!

136

아니야, 인구 자체보다는 건강하고 지속 가능한 지구를 만드는 것이 중요해.

✖ 반대 ✖

1. 인구가 지구를 망가뜨리고 있다

'인류세'라는 말 들어 봤는가? 인류가 지구 환경에 큰 영향을 끼친 시점을 기점으로 새로 설정한 지질시대의 개념이라고 한다. 지금도 인간은 그 어느 때보다 지구에 큰 영향을 끼치고 있다.

2. 지구 전체의 인구가 줄더라도 골고루 잘살게 하는 게 중요하다

현재의 인구가 모두 잘살고 있는지를 먼저 살펴봐야 한다. 만약 특정한 지역이나 특정한 국가에 자원과 자본, 기회가 집중된다면, 인구가 늘어난다고 하더라도 그 성장의 열매가 모두에게 돌아가지는 않을 것이다.

3. 인구 문제보다 기후위기 문제가 심각하다

인간이 어떤 활동을 해 왔는지를 먼저 돌아보는 게 어떨까? 숲이나 바다 등 자연 파괴, 에너지 사용이나 쓰레기 투기로 인한 환경 오염 등 인간은 지구에 나쁜 영향을 끼쳤다. 그 결과가 기후위기로 나타나고 있다.

5

기후와 재해

세상에서 제일 추운 곳이
어딘지 알아?

그것도 몰라? 남극이겠지!

아냐, 시베리아야.
겨울에 영하 50~60도까지
떨어진대.

그럼 거기는 여름에도 추울까?

지구가 직면한 거대한 위기

2022년 여름 파키스탄에서 큰 물난리가 났습니다. 홍수로 국토의 3분의 1이 물에 잠겼어요. 1,700명 넘는 사람이 목숨을 잃었는데 그중에는 아이들도 많았습니다. 인도, 파키스탄, 방글라데시가 위치한 남아시아는 원래 몬순(monsoon)이 여름마다 비를 뿌리는 지역이에요. 몬순은 아시아의 열대 지방에 부는 계절풍을 가리킵니다. 그런데 기후변화로 계속해서 상황이 안 좋아지고 있어요. 지구 대기의 온도가 올라가고 바닷물 온도도 올라가니까 바다에서 형성돼 움직이며 이동하는 공기 덩어리의 에너지가 커져 버리는 거지요. 아시아에서는 여름부터 가을 사이에 열대 바다에서 생겨난 저기압이 드넓은 지역을 훑고 다니는데, 이걸 태풍(typhoon)이라고 불러요. 미국에서는 그 비슷한 것을 허리케인(hurricane)이라고 하고요. 기후변화

—○ 2022년 여름 거대한 홍수가 휩쓸어 버린 파키스탄 신드주.

때문에 태풍이나 허리케인이 점점 강해지고, 몬순이 거대한
홍수를 일으키는 일이 잦아지고 있어요.

국토의 3분의 1이 잠긴
파키스탄

파키스탄 기상청에 따르면, 1961년 기록이 시작된 이래 이
해에 몬순으로 가장 많은 비가 쏟아졌다고 해요. 특히 비가 많
이 온 신드주, 발루치스탄주 같은 지역에는 8월 평균강우량의

5~8배가 쏟아졌어요. 말 그대로 물폭탄이 떨어진 거지요.

도로와 학교가 무너지고, 보건소와 병원도 큰 피해를 당했습니다. 보건의료나 치안 상황은 재난 때면 언제나 가장 큰 걱정거리가 됩니다. 홍수는 특히 빈곤층에 큰 피해를 줘요. 강둑이나 낮은 땅에 사는 사람들은 대개 빈곤층이고, 원래부터 좋지 않은 주거지에서 사는 사람들이 많지요. 그러니 기후 재난의 피해를 도시의 튼튼한 콘크리트 건물에 사는 사람들보다 훨씬 많이 받게 되지요. 재난이 일어나면 경찰도 병원도 소방서도 제 기능을 하기가 힘들어집니다. 오염된 물을 마실 때 생기는 콜레라 등 수인성 전염병이 퍼지기도 쉽지요.

수인성 전염병
오염된 물이 원인이 되어 퍼지는 전염병으로 이질, 콜레라, 장티푸스 등이 대표적이다. 상하수도 시스템이 발달한 나라에서는 거의 사라졌지만, 개발도상국 국가에선 아직도 흔한 질병이다.

파키스탄 위쪽에는 히말라야산맥이 있습니다. 험준한 고산지대를 끼고 있는 파키스탄에는 약 7,500개의 빙하가 있어요. 여름이면 빙하가 녹아 강으로 흘러내리고, 겨울이면 다시 빙하가 커지는 거지요. 그런데 지구 기온이 올라가면서 여름이면 빙하가 녹아내리는 양이 크게 늘고 있습니다.

그럼 어떻게 될까요? 강물에 빙하가 녹은 물이 쏟아져 흘러들어 가니, 강이 넘쳐흐르는 범람이 일어나겠죠. 거대한 빙하가 녹으면서 강물이 흘러넘치는 시기가 한동안 이어지다가, 빙하가 다 녹아 사라지고 나면 강물이 점점 줄어들고 말라붙겠지요. 빙하가 녹아내려 홍수가 나면 그 뒤에는 물 공급원이 없어지니 물 재난이 닥칠 가능성도 커집니다.

알프스의 '빙하 장례식'

2019년 9월, 스위스 북동부의 알프스산맥 기슭에 상복을 입은 사람들이 모였습니다. 해발고도 2,700m에서 열린 장례식에서 추모객들이 기린 것은 사람이 아닌 빙하였습니다. 알프스의 피졸빙하가 사라지게 된 것을 추모하는 상징적인 의식이었답니다.

2006년 이후로 피졸빙하는 원래 크기에서 10~20퍼센트만 남을 정도로 줄어들었다고 해요. 사실상 더 이상 존재하기 힘들어진 것이지요. 그래서 지역 주민과 환경운동가 250여 명이 모여서 장례식을 치렀습니다. 추모객들은 쪼그라든 빙하 앞에서 전통 악기 알펜호른을 연주하고 꽃을 놓았습니다. 한 빙하학자가 이날 장례식에서 말한 내용에 따르면, "1850년 이후 스위스에서 빙하 500개 이상이 사라졌습니다." 연구자들은 알

—○ 기후변화로 점차 소멸하는 알프스 빙하의 추도식.

프스 빙하의 3분의 2가 이번 세기말에는 사라질 것으로 봅니
다. 최악의 시나리오에 따르면, 2100년에는 알프스 빙하가 모
두 사라질 수도 있답니다.

　그전 달에는 아이슬란드에서 빙하 추도식이 열렸습니다.
총리까지 참석해, 아이슬란드 서부 오크 화산지대에 700년 동
안 존재했던 오크예퀴들빙하가 사라지게 된 것을 아쉬워하며
추모비를 세웠습니다. '미래로 보내는 편지'를 적은 동판에는
'다음 200년 동안 빙하들이 모두 이 길을 따라 사라질 것'이라
는 우려와 함께, '무슨 일이 벌어지고 있고, 어떤 일을 해야 하

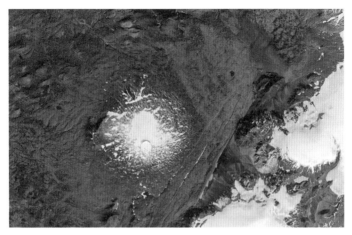

—o 위 1984년 9월 NASA가 촬영한 오크예퀴들빙하의 모습.

아래 2019년 8월 NASA가 촬영한 사진에서는 오크예퀴들빙하의 크기
가 크게 줄어들었다.

는지를 알리기 위한 기념물'이라는 글이 적혀 있습니다.

스위스와 아이슬란드에서만이 아닙니다. 세계의 빙하, 얼음, 동토층이 녹고 있습니다. 대표적인 곳이 히말라야산맥입니다. 히말라야에 쌓여 있는 전체 얼음의 양은 1970년대부터 2000년대 사이에 9퍼센트 줄어든 것으로 추정됩니다. 빙하가 형성되는 높이가 점점 위쪽으로 물러나는 '퇴각'은 거의 모든 곳에서 발견되고 있어요. 아프가니스탄의 와칸회랑에 있는 30개 빙하 중 28개가 1976~2003년 사이에 평균 11미터씩 퇴각했습니다.

중국의 빙하 612개를 대상으로 한 조사에서는 1950~1970년 사이에 53퍼센트가 퇴각한 것으로 나타났어요. 특히 20세기 말부터 기후변화의 영향이 뚜렷해졌습니다. 에베레스트의 롱부크빙하는 연간 20미터씩 높이가 올라가고 있습니다. 인도의 강고트리빙하는 1936~1996년 사이에 1,147미터나 올라가 버렸지요. 전체적으로 히말라야의 빙하는 연간 18~20미터씩 위로 올라가고 있습니다.

중앙아시아도 기후변화 영향이 심각합니다. 키르기스스탄의 아크쉬라크빙하는 1977~2001년 부피가 20퍼센트 줄었어요. 중국과 키르기스스탄, 카자흐스탄 일대에 걸쳐 있는 톈산

산맥의 빙하들은 이 일대 수백만 명에게 물을 공급해 왔어요. 그런데 이 빙하지대의 물 공급량이 갈수록 줄고 있어요. 타지키스탄의 파미르고원에는 빙하가 8,000개 넘게 있는데, 역시 여기서도 얼음이 줄고 있고요. 프랑스의 몽블랑 산지도 사정은 비슷합니다. 남극과 가까운 아르헨티나의 파타고니

동토층

기온이 낮아 연중 대부분 얼어 있는 땅. 지하 깊은 곳에는 지열이 있어 얼지 않지만, 지표면에서 가까운 지층이 동토층이 된다. 극지방의 동토층은 1년 내내 얼어 있어 영구 동토층이라 부르지만 기후변화로 녹는 곳이 늘고 있다.

──○ 빙하의 퇴각과 빙하가 녹으면서 호수가 생기는 히말라야산맥의 모습.

아고원, 러시아의 동토층, 캐나다 북부, 미국의 로키산맥에서도 얼음이 녹아내립니다. 해발고도 5,895미터로 아프리카 최고봉인 킬리만자로산의 만년설은 1912년 이후 80퍼센트가 사라졌지요.

남극 기온이 20도?

2020년 2월, 남극 대륙 북쪽에 있는 시모어섬에서는 기온이 20.75도로 측정됐습니다. 남극은 남반구에 있어서 1~2월이 '여름'이지요. 그렇다고는 해도, 남극에서 영상 20도를 넘긴 기온이 측정된 것은 사상 처음이었어요. 바다의 온도가 올라가는 엘니뇨 현상의 영향이 컸습니다. 그래서 일시적으로 기온이 올라간 것이지만, 장기적으로 보면 계절에 상관없이 동결된 채로 존재해 온 영구동토층이나 대양에서 변화가 일어나는 일과 이어진 현상이었다고 과학자들은 분석합니다. 그해 1월, 세계의 지표면과 해수면의 평균온도가 기상 관측 사상 가장 높았거든요.

엘니뇨 현상
남미 페루 부근 태평양 적도 해역의 해수 온도가 크리스마스 무렵부터 이듬해 봄철까지 주변보다 2~10도 이상 높아지는 이상고온 현상.

그런데 그 전달인 2019년 12월은 역사상 12월 기온 중에서 가장 높았고, 그전 달도 역사상 11월 기온 중에서 가장 높았습니다. 10월도, 9월도 마찬가지였지요. 한마디로, 평균기온이 계속 올라가고 있다는 이야기입니다. 남극이 20도까지 올라갔을 무렵 북반구는 한겨울이었지만, 핀란드의 헬싱키조차도 예년과 다르게 1월 내내 단 하루도 눈이 오지 않았어요. 노르웨이의 어떤 곳은 1월 초 기온이 19도까지 올라갔고요.

기온이 올라가면 얼음이 녹지요. 남극의 거대한 얼음 덩어

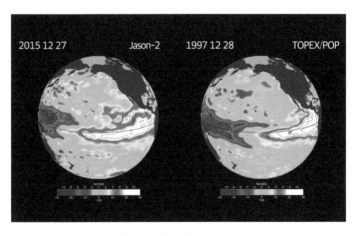

──○NASA에서 촬영한 엘니뇨 위성사진. 엘니뇨가 더 확대되고 있음을 2015년(왼쪽)과 1997년(오른쪽) 사진을 비교해도 알 수 있다.

기후와 재해

대형 산불과 싸우는 세계(2021. 08. 04 기준)

과거와 비교할 때 수많은 나라에서 빈번하게, 그리고 북미부터 유럽, 아프리카, 아시아 등 많은 대륙에서 산불이 발생하고 있다.

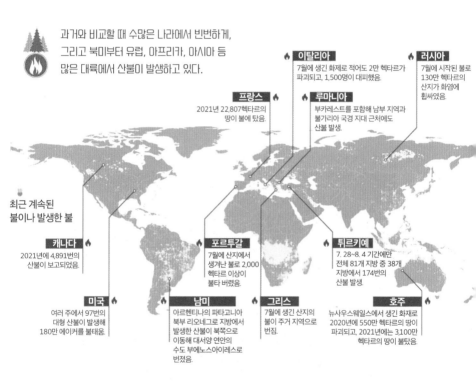

이탈리아
7월에 생긴 화재로 적어도 2만 헥타르가 파괴되고, 1,500명이 대피했음.

러시아
7월에 시작된 불로 130만 헥타르의 산지가 화염에 휩싸였음.

프랑스
2021년 22,807헥타르의 땅이 불에 탔음.

루마니아
부카레스트를 포함해 남부 지역과 불가리아 국경 지대 근처에도 산불 발생.

최근 계속된 불이나 발생한 불

캐나다
2021년에 4,891번의 산불이 보고되었음.

미국
여러 주에서 97번의 대형 산불이 발생해 180만 에이커를 불태움.

남미
아르헨티나의 파타고니아 북부 리오네그로 지방에서 발생한 산불이 북쪽으로 이동해 대서양 연안의 수도 부에노스아이레스로 번졌음.

포르투갈
7월에 산지에서 생겨난 불로 2,000 헥타르 이상이 불타 버렸음.

그리스
7월에 생긴 산지의 불이 주거 지역으로 번짐.

튀르키예
7. 28~8. 4 기간에만 전체 81개 지방 중 38개 지방에서 174번의 산불 발생.

호주
뉴사우스웨일스에서 생긴 화재로 2020년에 550만 헥타르의 땅이 파괴되고, 2021년에는 3,100만 헥타르의 땅이 불탔음.

출처: NASA, Anadolu Agency

리인 빙붕(氷棚)은 지난 30년간 10퍼센트 줄었다고 해요. 그린란드의 빙하도 계속 녹는 중입니다. 북반구에서 봄철 얼음이 녹는 시기는 빨라지고, 가을철 얼음이 얼기 시작하는 시기는 늦어집니다. 미국 알래스카주에서는 땅이 녹아 마을이 통째로 이주해야 하는 일까지 생겼어요.

기후단체에 따르면, 빙하가 1미터 쌓이기 위해서는 3미터 높이의 눈이 내려야 한다고 해요. 평균기온이 1도만 올라가도 연간 빙하 높이는 1미터 낮아진다고 하고요.

겨울이 따뜻해지면 여름은? 예전보다 더 더워집니다. 2021년 8월, 대형 산불이 이탈리아, 스페인, 그리스 등 남유럽 곳곳을 휩쓸었습니다. 그해 한국도 더웠지만, 유럽에서는 폭염이 계속됐어요. 기온이 높고 건조하니까 곳곳에서 산불이 난 것이지요.

20~30년 사이에 지구 곳곳에서 여름철 더위가 상상을 초월하는 수준으로 심해지고, 초고온 현상이 이어지는 일이 늘었어요. 이것을 '열파(heat wave)'라고 부르기도 해요. 열기가 파도처럼 들이닥친다는 거죠.

홍수나 지진에 비하면 무더위는 큰일이 아닌 것처럼 생각할 수도 있어요. 하지만 에어컨이 없는 사람들, 더위를 피할 곳이 없는 노약자들이 그 때문에 죽어간다면, 무더위도 심각한 자연재해가 될 수 있습니다. 2003년 유럽에 폭염이 닥쳐서 7만 명 이상이 목숨을 잃었는데, 대부분 노인, 특히 혼자 사는 어르신이었어요. 2022년에도 다시 유럽에 폭염이 찾아왔고, 프랑스와 스페인, 영국, 독일 등에서 모두 2만 4,000여 명이 숨진 것으로 추정합니다.

여름이 길어지고 더 더워지고, 그래서 땅이 말라붙으면 산불이 일어나기 쉬워집니다. 미국은 대형 산불이 해마다 반복되고 있어요. 유럽이 더웠던 2021년, 북미 지역의 더위도 장난이 아니었습니다. 원래 여름에도 30도를 넘어가지 않던 캐나다 서쪽 해안의 최고 기온이 무려 50도 가까이로 올라갔다니 할 말 다 했지요. 열기가 하늘을 덮는 '열돔(heat dome)'이 나타났고, 늘 산불이 잦던 미국 캘리포니아주는 불길에 덮였습니다. 연기가 대륙 반대편 동부 해안의 뉴욕까지 날아가 대기오염을 높였다고 해요. 미국 정부의 통계를 보면 1970년대와 비교해서 2015년에는 산불이 이어지는 기간이 2달 반이나 길어졌습니다.

시베리아가
불에 탄다

더 무시무시한 것은 시베리아의 화재입니다. '세계에서 가장 추운 도시'라고 불리는 곳이 있어요. 러시아 시베리아에 있는 야쿠츠크(Yakutsk)입니다. 이 도시는 연평균 기온이 영하 8.8도예요. 겨울에는 영하 40도까지 내려가고, 7월 기온도 평균 20도 정도밖에 안 돼요. 그런데 2021년 최고 기온이 무려 39도를 기록했지요.

얼어붙은 북극권에서 숲은 없고 이끼가 많은 지역을 툰드라라고 부르고, 그 바로 밑에 있는 침엽수림을 타이가라고 합

──○ 세계에서 가장 추운 도시. 러시아의 야쿠츠크.

니다. 러시아, 캐나다, 스웨덴 등 북극 아래에 빙 둘러쳐져 드넓은 지역에 펼쳐진 숲이랍니다. 지구상에서 숲의 밀도는 남미의 아마존 지역이나 인도네시아의 보르네오섬이 높지만, 면적으로 따지면 러시아 북부의 타이가가 세계에서 가장 넓은 숲이에요. 기온이 올라가면서 광활한 타이가 지역 곳곳에 불이 나고, 그 연기가 야쿠츠크 같은 도시로 몰려들었습니다. 타이가가 불에 타면 땅속의 온실가스가 대거 풀려나기 때문에 기후변화에 다시 영향을 주는 악순환으로 이어진다니 정말 큰일이지요.

건조하고 더운 철에 나무가 불타고, 그 재가 땅을 덮어 다른 나무들의 양분이 되는 것은 자연의 순환 과정입니다. 그런데 이제는 산불의 규모가 너무 커지고 있어요. 드넓은 지역을 잿더미로 만들고 도시를 연기로 뒤덮는 대형 화재를 '메가파이어(megafire)'라고 부르기도 하는데, 가장 큰 원인은 역시나 기후변화예요. 남반구에 있는 호주는 봄철에 산불이 자주 일어나지만, 2019년부터 2020년 사이에 유난히 불길이 넓게 번졌어요. 과학자들은 남극 기온이 이례적으로 올라가면서 호주의 기온이 올라가고 대기가 몹시 건조해진 것이 원인이었다고 말했습니다.

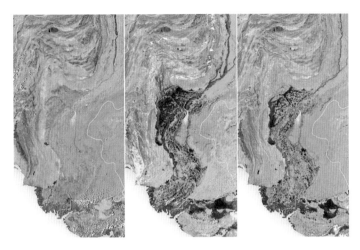

—o 2022년 여름 NASA가 촬영한 파키스탄 홍수 위성사진.

다시 홍수가 난 파키스탄 이야기로 돌아
가 볼게요. 독일의 한 환경연구소가 조사해
보니, 파키스탄은 세계기후위험지수(GCRI)
로 볼 때, '2000년부터 2019년까지 기후변
화에 가장 큰 영향을 받은 국가' 중 8위였

세계기후위험지수
한 나라나 지역이 기후변
화에 따른 재난의 위험을
얼마나 안고 있는지 분석
한 지수.

습니다. 아시아 남서쪽의 인도, 파키스탄, 방글라데시 같은 나
라는 바닷가의 낮은 지대에 평야가 펼쳐져 있고 인구가 많아
요. 그런데 기후변화로 남극과 북극의 얼음 덩어리가 녹으면

기후와 재해

서 해수면이 올라가고 있어요. 바닷물의 양이 많아져서 바닷가의 낮은 지대가 물에 잠긴다는 뜻입니다. 그래서 인도나 방글라데시, 파키스탄의 저지대는 수많은 이가 피해를 입을 위험이 매우 큰 곳으로 꼽혀요.

이 지역 사람들은 참 억울할 거예요. 기후변화를 일으키는 온실가스를 많이 내뿜은 것은 먼저 산업화를 이뤘고 지금도 에너지를 많이 쓰는 미국이나 유럽, 일본, 혹은 한국 같은 나라 사람들이지, 파키스탄의 가난한 농민이 아니잖아요. 세계은행의 조사에 따르면, 1959년 이후 세계에 뿜어져 나온 탄소 가운데 파키스탄이 내놓은 것은 0.4퍼센트에 불과해요. 그런데 세계에서 기후 재난에 가장 취약한 지역이 된 거예요. 미국은 온실가스 배출량의 21.5퍼센트, 중국은 16.5퍼센트, 유럽연합은 15퍼센트를 차지하는데 말이죠.

잠시 국가별 온실가스(이산화탄소 환산) 배출량을 살펴볼게요. 미국 과학자 단체 '우려하는 과학자들(UCSUSA)'에 따르면, 2020년 기준으로 세계에서 온실가스를 가장 많이 배출한 나라는 중국이에요. 미국은 그 절반이 좀 넘는 양을 내보내 2위, 이어 인도, 러시아, 일본, 독일, 한국, 이란 순이었고요. 인도네시아와 캐나다가 뒤를 이었습니다.

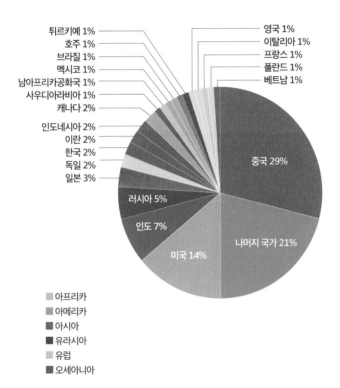

2020년 국가별 온실가스 배출량(이산화탄소 환산 기준)

튀르키예 1%
호주 1%
브라질 1%
멕시코 1%
남아프리카공화국 1%
사우디아라비아 1%
캐나다 2%

인도네시아 2%
이란 2%
한국 2%
독일 2%
일본 3%

영국 1%
이탈리아 1%
프랑스 1%
폴란드 1%
베트남 1%

중국 29%

나머지 국가 21%

미국 14%

인도 7%

러시아 5%

■ 아프리카
■ 아메리카
■ 아시아
■ 유라시아
■ 유럽
■ 오세아니아

○ 출처: UCSUSA(www.ucsusa.org)

기후변화 대응체제의 역사

파키스탄에 홍수가 났을 때, 남태평양 섬나라 피지의 총리는 트위터에 이런 글을 올렸습니다. "분명히 하자. 우리 모두가 한 일이지만 특히 온실가스를 많이 내뿜는 나라들에 가장 큰 책임이 있다." 남태평양에는 피지를 비롯해 투발루, 바누아투, 키리바시 등 작은 섬나라가 많아요. 2021년 유엔이 내놓은 보고서를 보면, 지금처럼 지구 기온이 계속 올라갈 경우 이번 세기 안에 이 섬나라들은 모두 바닷물에 가라앉아 완전히 사라져 버릴 수 있다고 합니다. 파키스탄의 물난리를 보면서 피지 총리가 화를 낸 것도 이해가 되지요? 아마도 동병상련의 심정이었을 거예요.

기후 정의
기후변화의 원인과 영향이 초래하는 비윤리적이고 정의롭지 못한 점을 인식하고 그것을 줄이기 위한 사회운동. 기후변화 적응에 필요한 기금을 마련하거나, 기후변화에 대처할 재정이나 기술이 없는 개발도상국을 지원하는 일을 포함한다.

기후 재난이 돈 없는 나라의 가난한 지역 사람들에게 피해를 주는 것은 '공정'의 측면에서도 큰 문제가 아닐 수 없습니다. 그래서 요즘 국제사회에서는 '기후 정의'가 중요한 쟁점이 되고 있습니다.

세계가 기후변화에 대응하기 위해 머리를 맞대기 시작한 것이 1980년대 후반이었으니 벌써 30년이 넘었네요. 유엔 산하에 있는 세계기상기구 (WMO)와 유엔환경계획(UNEP)이 함께 '기후변화에 관한 정부 간 협의체(IPCC)'를 만들어서 논의를 시작했어요. 세계 각국의 기후학자들과 전문가들이 IPCC에 모여서 세계의 기후변화 상황을 점검하고, 기후변화를 누그러뜨릴 방안을 검토합니다. IPCC는 그 내용을 바탕으로 기후변화협약을 만듭니다. 세계 여러 나라가 온실가스를 어떻게 줄일지를 담은 기본틀을 만드는 거죠.

1992년 브라질 리우데자네이루에서 열린 지구정상회의는 세계가 기후변화에 대응하기 위해 나서기 시작한 출발점으로 꼽힙니다. 이때부터 이산화탄소 등 온실가스 배출을 제한하자는 약속과 정책이 시작된 것이지요.

기후변화협약을 채택한 나라들이 말만 하고 약속을 안 지키면 안 되겠지요. 그래서 2~3년에 한 번씩 모여서 얼마나 지켰는지 평가를 해요. 이를 기후변화협약 당사국총회(COP)라고 합니다.

1997년 일본 교토에서 세 번째 당사국총회가 열렸어요. 산업이 발전한 나라들은 온실가스 배출량을 1990년보다 5퍼센트 줄인다는 목표를 정한 교토의정서를 채택했지요. 그런데

—○ 기후위기에 대응하는 국제적인 노력과 행동을 촉구하는 대학생들의 시위.

당시 중국이나 인도, 한국 같은 나라들은 개발도상국, 즉 산업 발전을 계속 추진해야 하는 나라라는 이유로 감축 대상에서 빠졌습니다. 게다가 당시만 해도 온실가스 배출량 1위였던 미국 역시 교토의정서를 거부했어요. 그래서 효과가 좀 미진했고, 그 사이 지구 기온은 계속 올라갔지요.

2015년 프랑스 파리에서 새 기후변화협약을 채택했습니다. 또 2020년에는 8년이 연장된 교토의정서의 효력도 끝났어요. 파리기후협약에는 지구상 거의 모든 나라가 들어갔기 때문에 명실상부한 글로벌 기후변화 대응체제를 만든 것으로 평가할 수 있어요. 이 협약은 산업화 이전과 비교해서 지구의 평균기온이 1.5도 이상 올라가지 않도록 하는 것을 목표로 해요.

탄소 배출량을 줄이거나, 탄소를 배출하는 양만큼 이미 대기 중에 존재하는 탄소를 없애서 플러스, 마이너스를 합쳐 탄소 배출량이 제로, 즉 0이 되게 하는 것을 '탄소중립'이라고 합니다. 미국과 유럽연합, 일본, 한국 등은 2050년 탄소중립을 달성할 것을 목표로 선언했습니다. 중국은 2060년을 약속했습니다. 하지만 환경운동가들은 "여전히 노력이 부족하다"라고 지적합니다.

탄소 배출
화석연료 사용 등 다양한 이유로 인해 이산화탄소 같은 탄소 기체가 대기 중으로 배출되는 현상. 지구 온도를 높이는 온실가스 중 가장 큰 비율을 차지해 기후위기를 발생시킨다.

기후 재앙을 막는 것은 인류의 책임

마다가스카르는 아프리카 대륙 동쪽에 있는 인도양의 섬나라예요. 세계에서 네 번째로 큰 섬이고, 지구상의 다른 곳에서는 볼 수 없는 동식물이 많습니다.

이 섬나라는 최근 몇 년간 극심한 가뭄을 겪었어요. 어떤

—o 기후위기가 불러온 마다가스카르의 기근.

곳들은 몇 년씩 비가 오지 않았지요. 마을마다 들판이 말라붙고 물이 모자라 작물을 키울 수 없게 됐습니다. 사람들이 먹는 곡식이나 채소는 물론이고, 가축 사료로 키우던 선인장 잎까지 말라붙었어요. 먹을 것조차 없어진 농민들은 소를 내다 팔고, 농지며 집까지 팔아야 했지요. 학교에 못 가는 아이들이 늘었고, 수십만 명이 유엔이 나눠 주는 식량으로 버텨야 했습니다. 영양실조에 걸린 아이들이 50만 명에 이르렀지요. 기근이 온 겁니다.

세계에서 식량이 모자라 굶어 죽는 사람들은 이제는 거의 없어졌어요. 세 끼니 먹을거리를 제대로 구하지 못하는 사람들이 물론 있습니다만, 대개 분쟁이나 내전이 벌어져서 그런 것이고 세계 전체의 식량 자체가 모자라지는 않아요. 그런데 마다가스카르는 분쟁을 겪은 지역이 아닙니다.

대체 왜 기근이 닥친 것일까요? 기후변화로 비가 적게 오고 강우 패턴이 바뀌었기 때문이에요. 유엔은 마다가스카르의 상황을 '세계 최초의 기후변화 기근'으로 표현했습니다. 가뭄이 심해지고, 먹을 것이 모자라고, 일자리는 없어지고, 그러니 도적들이 판을 치고……, 기후변화가 불러올지 모른다고 예상했던 가장 어두운 시나리오가 이 섬나라에서 현실이 돼 버렸습니다. 마다가스카르는 전 세계 이산화탄소 배출량의 0.01퍼센트도 안 되는 나라인데 피해는 이렇게 크게 입고 있지요.

날씨는 하늘의 움직임에 따른 것이라지만, 날씨가 모여서 이루는 기후에는 지금 인간이 내뿜은 탄소가 엄청난 영향을 미치고 있습니다. 한국도 이 위기 앞에서는 예외가 아니에요. 사계절이 있는 온대 기후인 덕에 우리는 기후 재난을 덜 입는다고 생각할 수 있지만, 봄철에 숨쉬기 힘들게 만드는 황사를 생각해 보세요. 기후변화로 아시아의 내륙지대가 점점 더 건조해지고, 그에 따라 사막지대가 점점 커지면서 모래가 한국까지 날아오잖아요. 우리 정부와 환경단체들이 중국이나 몽골과 협력해서 흙먼지가 덜 날아오르도록 사막에 나무를 심는 것도 그 때문이랍니다. 또한 '평균기온'이 아주 조금만 올라가도 큰 피해를 받는 사람들이 생겨요.

2018년 한국은 몇몇 지역에서 최고 기온이 40도를 넘어서는 폭염을 겪었지요. 마음껏 전기를 쓸 수 없는 '에너지 빈곤층'에게 기후변화는 건강에 피해를 주고, 삶의 질을 떨어뜨리며, 때로는 목숨까지 앗아 가는 재난이 됩니다.

인류는 과연 날씨를 책임질 수 있을까요? 기후변화를 막아낼 수 있을까요? 기후변화로 피해를 당하는 사람들을 돌보고 재난에서 회복되게 도와줄 수 있을까요?

기후위기에 대한 대응은 어렵지만, 인류가 지혜와 의지를 모아 위기를 피하고 충격을 줄일 방법은 분명히 있습니다. 성공한 사례도 있고요. 예전에 남극 하늘의 윗부분 오존층에 구멍이 나서 자외선이 너무 많이 들어와 피해가 커진다는 걱정이 컸어요. 1989년에 세계가 머리를 맞대고 오존층을 파괴하는 물질을 쓰지 않기로 합의했죠. 25년 뒤인 2014년, 유엔은 파괴된 오존층이 복원되기 시작했다고 선언했어요. 걱정만 하기보다는, 정부와 기업들이 기후대응을 제대로 하도록 이끌기 위해 행동에 나서는 것이 가장 중요합니다.

Z세대 최대 관심사는 '기후변화'

1990년대 중반부터 2010년대 초반에 태어난 Z세대가 소셜미디어에 채워 갈 콘텐츠는 '기후변화', '가상세계', 'K팝'이 주를 이룰 것으로 보인다. 2022년 인스타그램이 미국의 16~24세 소셜미디어 사용자 1,200명을 대상으로 조사했더니 이듬해의 주요 트렌드로 이런 주제들을 꼽았다.

- -

기후변화로 자연재해 1.7배 늘어

유엔은 2000~2019년 세계재해 보고서에서 이 시기 세계에서 7,348건의 재해가 발생해, 123만 명이 사망했다고 밝혔다. 그전 20년보다 재해 건수는 1.7배 늘었는데, 주된 원인은 기후변화인 것으로 나타났다. 세계 평균기온이 올라가면서 폭염, 가뭄, 홍수, 혹한, 태풍, 산불 등 극한 기상 현상이 더욱 자주 일어나고 있다고 보고서는 지적했다.

- -

이집트 휴양지에서 기후협약 당사국회의

2022년 11월 이집트에서 유엔기후변화협약 27차 당사국총회(COP27)가 열렸다. 참가자 수는 약 4만 4,000명으로 역대 최대였지만, 우크라이나전쟁과 코로나19 이후의 경제회복 등에 관심이 쏠린 상황이었다. 지구 기온상승을 억제하기 위한 파리기후협약 목표를 달성할 수 있으리라는 낙관적인 분위기는 적었다.

첨단 과학기술로 지구 기온을 조작하는 '지오엔지니어링'으로 기후위기를 해결하면 어떨까?

○ 찬성 ○

1. 첨단 과학기술로 지구 기온을 조작할 수 있다

지오엔지니어링(geoengineering)은 지구 전체, 혹은 드넓은 지역에 영향을 미치는 기술이라는데, 그런 기술이 발전하면 기후변화 걱정은 옛말이 된다. 지구 대기에 이산화황 같은 입자를 살포해 햇빛이 들어오는 것을 막거나, 바다에 흰 거품이 만들어지게 해서 햇빛을 더 많이 반사하도록 하는 기술은 이미 과학자들이 연구하고 있다.

2. 산업발전과 성장을 최대한 이어 가면서도 기후 문제를 해결할 수 있다

현실적으로 아직 경제성장이 필요한 나라들이 많다. 온실가스 배출량을 억지로 줄이게끔 하기보다, 경제적으로 앞선 나라들이 발전한 과학기술로 해결하면 큰 도움이 될 것이다.

3. 위기를 기회로 만들면서, 큰돈을 버는 방법이기도 하다

기술은 경제적 발전을 가져다 주는 중요한 수단이다. 기후위기를 나쁘게만 볼 것이 아니라, 더 나은 기술로 경제적인 위상을 높일 기회로 만드는 게 낫다. 대기 중의 이산화탄소를 붙잡아 저장하는 '포집' 기술을 이용하면 탄소를 자원으로 만들 수도 있다.

그래, 지구 전체의 기온을 조절할 수 있다면 첨단 과학기술은 항상 옳지!

아니야, 지구를 대상으로 실험을 했다가 부작용이라도 있으면 어떡해?

✖ 반대 ✖

1. 미처 생각지 못했던 부작용이 일어나면 누가 책임을 질 것인가 생각해 봐야 한다

지구는 하나뿐이다. 화성이나 다른 행성으로 이주해 갈 수 있으려면 아직 멀었다. 지구 대기권 전체, 혹은 드넓은 바다를 흔드는 실험을 했다가 위험한 상황이 생긴다면 그 부작용은 너무나 많은 사람에게 피해를 줄 것이다.

2. 대규모 기술에 투자할 수 있는 국가나 기업은 한정돼 있다

그런 대규모 기술은 강대국이나 거대 기업이 아니면 사실상 불가능하다. 결국 기술을 가진 국가나 기업의 결정에 지구인의 운명이 휘둘리게 된다. 기후변화의 피해도 불공평한데, 그 대응 과정에서 불평등이 더욱 커질 것이다.

3. 경제발전과 기술개발을 중시하는 발상 자체가 기후위기의 원인이다

지구를 공학기술의 대상으로 삼는 것은 기후위기 시대의 윤리에 맞지 않는다. 과학기술을 맹신하고, 환경보전이나 자연과의 공생 대신에 경제발전과 개발에 치중해서 오늘날의 기후위기가 생겨났다. 첨단기술에 기대기보다는 인류가 삶의 태도를 돌아보고, 친환경적으로 바꿔 나가야 한다.

6

빈곤과 격차

너희 둘도 이제 다 컸구나. 각자 앞의 돈을 챙겨 떠나거라.

돈주머니 크기가 태어난 나라에 따라 결정된다는 게 말이 돼?

가난한 세상 vs. 부유한 세상

소말리아는 아프리카 동쪽에 있어요. 인도양으로 뾰족 튀어나와 있어서 '아프리카의 뿔'이라고 불리는 지역이지요. 이 나라와 아라비아반도 사이의 해협을 아덴만이라고 불러요. 길이는 1,500킬로미터, 폭은 480킬로미터로 넓지 않은 바다입니다. 하지만 북쪽으로 홍해를 거쳐 수에즈운하를 통과하면 지중해로 갈 수 있고, 남동쪽으로는 인도를 지나 아시아로 향할 수 있기 때문에 배들이 많이 지나는 주요 길목이지요.

2011년 이곳에서 한국 해군 청해부대가 군사 작전을 펼쳤어요. 한국 해군이 머나먼 아프리카까지 가게 된 이유는 소말리아 해적에게 피랍된 한국 선박을 구하기 위해서였죠. 해적? 21세기에 아직도 해적이 있느냐고 궁금해할 사람들도 있을 겁니다. 그것도 왜 하필 소말리아에 있는지 말이지요.

소말리아의 청년들이 해적이 될 수밖에 없었던 상황을 살펴보면서 아직도 굶주림과 빈곤에 시달리는 국가들의 현실을 따라가 보려고 합니다. 음식물 쓰레기를 줄이자는 캠페인을 할 정도로 식량이 풍족한 지역이 있는 반면, 해적질에 나서야 할 정도로 빈곤한 지역도 있는데 이 격차는 왜 발생하는 걸까요? 이들이 빈곤한 이유는 무엇일까요? 이들을 돕기 위해 국제사회는 무엇을 해 왔고, 앞으로 또 무엇을 해야 할까요?

소말리아엔 왜 해적이 많을까?

소말리아는 1960년 영국과 이탈리아로부터 독립한 나라예요. 제국주의 열강으로부터 독립한 소말리아에서 1969년 군사 쿠데타로 집권한 시아드 바레 대통령이 권력을 장악한 후 수십 년간 독재 정치를 펼쳤는데, 이 과정에서 부정부패가 극심했어요. 1991년 바레는 축출됐지만, 그 이후 권위 있는 국가 지도부가 들어서지 못했고, 여러 세력이 다투면서 군벌 통치와 내전이 계속됐습니다. 1990년대 후반에 이르면 알카에다 같은 이슬람 극단주의 세력들이 활개를 치면서 주민의 생활은 더욱 힘들게 되었죠. 1990년대 초부터 이에 소말리아는 국

제사회에서 '실패한 국가(failed state)'로 통하게 됩니다. 아직도 과도정부는 사실상 국가 통치력을 상실한 상태예요.

이런 상황에서 고통받는 것은 소말리아 사람들이었어요. 내전을 피해 소말리아를 떠나 사우디아라비아, 예멘 등 인근 국가로 향하는 이들이 늘어나기 시작했지요. 거기에 최근에는 가뭄으로 인한 기근까지 닥치면서 소말리아를 떠나는 난민이 수십만 명에 달한다고 해요. 소말리아 인구 가운데 약 48퍼센트에 긴급식량지원이 필요한 상태라는 국제기구의 보고도 있었습니다. 생존 자체가 쉽지 않은 상황에서 소말리아에서는 난민이 되거나, 구호기구가 배급하는 식량에 의존할 수밖에 없는 실정입니다. 15~24세 청년층 실업률이 약 35퍼센트에 이르지요.

정부가 제 기능을 못하는 상황은 바다에서도 마찬가지였어요. 외국 선박들이 소말리아 인근 해역의 수산물을 쓸어 가면서 어부들의 생계도 어려워졌습니다. 어부들은 자신을 스스로 지키기 위해 무장을 하고 외국 선박을 공격하기 시작했어요. 내전을 벌인 군벌 세력에게서 흘러나온 무기를 지닌 이들은

더 나아가 조직화된 해적 활동을 시작했습니다. 아덴만 부근을 지나는 선박을 납치해 몸값을 받는 방식으로 금전적 이득을 취하는 것입니다. 가장 극심한 시기였던 2007년에서 2011년까지 납치된 선원만 3,500여 명. 일반적인 상선, 유조선은 물론, 국제구호기구의 배까지 가리지 않았습니다. 한국 국적배도 예외는 아니었고요.

2011년 이후 국제적인 소탕 작전을 통해 해적들이 발붙일곳이 좁아졌고 활동도 뜸해졌어요. 하지만 최근엔 아프리카 대륙 동쪽이 아닌 서쪽에 새로운 해적이 출몰하고 있습니다. 2020년 전체 해적 사고의 36퍼센트 정도가 나이지리아, 베냉 등 서아프리카의 기니만에서 발생했다고 해요. 기니만은 남쪽 앙골라에서부터 북쪽 세네갈까지 해안선이 길게 이어지며 여러 국가가 바다와 접하고 있지만, 아덴만과 같이 물류가 많이 오고 가는 요충지는 아닙니다. 그런데도 기니만에 해적이 새롭게 출몰하게 된 것은 연안국가들의 정치가 불안하고, 빈곤 상황이 심하기 때문이라는 분석이 나옵니다. 주민들이 돈을 벌기 위해선 해적 활동을 할 수밖에 없는 상황으로 내몰리고 있다는 거지요. 지역은 달라도 국가가 제 기능을 하지 못해 빈곤에 시달리는 사람들이 해적으로 나설 수밖에 없다는 건 소말리아의 사정과 크게 다르지 않아 보입니다.

세계의 절반이
가난한 이유

벌어들이는 돈으로 최소한의 인간다운 생활을 하기조차 어려운 상태를 '절대빈곤'이라고 불러요. 생존을 유지할 정도로 먹고, 깨끗한 물을 마시고, 안전한 집에서 사는 기본적인 권리를 보장받지 못하는 상황이 바로 빈곤입니다.

세계은행의 빈곤층 기준인 하루 2.15달러(약 2,500원) 이하로 생활하는 극빈층은, 2020년 7억 명에 이르렀습니다. 세계 사람 11명 중 1명은 극심한 가난에 고통받고 있다는 뜻이에요. 굶주림에 시달리는 사람이 세계에서 7억 200만~8억 2,800만 명에 이른다는 통계도 있습니다. 빈곤이 가장 심각한 지역은 사하라 이남 아프리카였는데, 인구 5명 중 1명이 기아로 고통받고 있는 겁니다. 뒤이어 아시아와 중남미에서도 빈곤이 심각한 것으로 나타났습니다.

미국이나 유럽의 나라들은 잘 사는데 왜 다른 지역, 특히 아프리카에 가난한 나라들이 많은 걸까요? 아프리카를 비롯해, 남미의 국가들은 과거 제국주의 열강의 식민통치를 받았어요. 식민지로 지배국에 천연자원이나 원자재 등을 착취당한 기간이 길고 그 구조가 공고했기 때문에 여전히 빈곤한 나라들이 많습니다. 이후 독립국을 세웠지만 이미 힘을 지닌 국가들에 밀려 정치외교적으로도, 경제적으로도 힘을 쓰지 못했지요. 그 과정에서 새로 생겨난 정부가 제대로 뿌리내리지 못하면서 국가 시스템이 온전히 재건되지 못했습니다.

그런데 그거 아세요? 사실 우리나라도 과거에 원조를 받은 나라입니다. 일제 식민지를 거치며 국토가 수탈당했고, 국민의 생활은 피폐해졌지요. 한국전쟁을 거치며 그 상황은 훨씬 심각해졌습니다. 한국은 경제적으로 궁핍했던 시절, 국제사회로부터 식량을 비롯해 파괴된 시설을 복구하는 데 필요한 여러 자원을 지원받았습니다. 처음에는 긴급한 불을 끄기 위한 원조를 받았지만, 1960년대 이후 경제개발 계획에 따라 차관을 빌려오는 형태로 원조의 모습은 달라졌지요. 한국은 이때 받은 지원을 마중물 삼아 경제성장에 박차를 가했지요. 물론 여기에도 세계질서가 복잡하게 얽혀 있긴 합니다. 한국이 인도적 위기에 처한 상황이기도 했지만, 미국과 소련이 대립하던 냉전체제 하에서 남한과 북한 간의 전쟁이 벌어지고 휴전에 이은 분단은 동아시아 지역에서 미소 진영 다툼의 상징과 다름없었어요. 한국 원조는 곧 자유민주 진영을 지원하는 의미가 담겼던 거지요.

과거 냉전시대에는 아시아나 아프리카 지역을 미국과 서유럽 등 자본주의 진영인 제1세계, 소련과 동유럽을 중심으로 한 사회주의 진영인 제2세계와 대비되는 의미로 '제3세계'라고 불렀습니다. 최근엔 미국, 유럽 등과 같이 경제적으로 앞선 나라들이 주로 북반구에 위치하고 있어 '글로벌 노스(Global North)', 가난한 나라들이 주로 남반구에 위치하고 있어 '글로벌 사우스(Global South)'라고 부릅니다.

국가 간 격차는 통계에서도 드러나요(2022년 10월 기준). 국

세계 빈곤 인구 지도(2021)

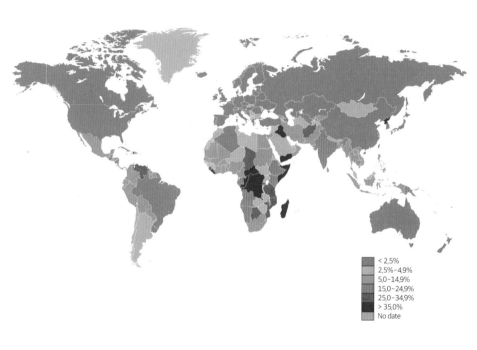

	< 2,5%
	2,5%-4,9%
	5,0-14,9%
	15,0-24,9%
	25,0-34,9%
	> 35,0%
	No date

—○ 만성적 굶주림에 시달리는 인구 비율(%)을 표시한 자료.

○ 출처: 세계식량계획

내총생산(GDP) 규모가 가장 큰 국가는 미국으로 25조 351억 6,400만 달러를 기록했어요. 이어 중국(18조 3,211억 9,700만 달러), 일본(4조 3,006억 2,100만 달러), 독일(4조 311억 4,900만 달러) 등의 순이었습니다. 영국, 프랑스, 캐나다, 러시아 등이 그 뒤를 이었고요. 한국(1조 7,342억 달러)은 13위였어요. 20위권에 이름을 올린 국가 대부분이 북미와 유럽, 아시아의 잘 사는 나라들이고, 아프리카 국가는 없습니다.

이러한 격차는 코로나19 이후 더욱 두드러졌어요. 국제구호기구 옥스팜의 2022년 보고서를 보면, 주로 선진국 출신으로 글로벌 기업을 운영하는 억만장자 수는 30시간마다 1명꼴로 늘어나 2020년 이래 약 5배가 커졌지만, 인구 100명은 33시간마다 극빈층으로 전락할 수 있다고 합니다. 단 2,668명에 불과한 억만장자 집단이 12조 7,000억 달러(약 1경 6,100조 원)에 달하는 부를 소유하고 있으며, 이는 세계 국내총생산의 13.9퍼센트에 해당합니다. 억만장자 상위 순위 20명의 자산을 모두 합치면 사하라 이남 아프리카 지역의 전체 국내총생산보다 많고요. 또 전 세계 자산 하위 50퍼센트가 112년 동안 일해야 상위 1퍼센트가 1년 동안 벌어들이는 수익을 올릴 수 있다고 하지요. 이렇게 비교해 보니 그 격차가 매우 심각한 수준이라는 것을 알 수 있습니다.

빈곤은 건강 문제와도 직결됩니다. 소득이 높은 국가의 국민은 저소득 국가의 국민보다 평균 16년가량 더 오래 산다고 해요. 의료 같은 공공 영역이 제공하는 여러 서비스가 제대로 갖춰지지 않은 저개발 국가에서 가난한 사람들은 병원에 갈 엄두를 내지 못하고, 치료를 받으려면 비용이 매우 많이 들지요. 병원뿐만 아니라 교육, 수도(물), 에너지(전기) 같은 공공 서비스도 마찬가지예요.

코로나19라는 돌발 변수가 전 세계를 강타한 지난 몇 년간 제일 큰 타격을 받은 사람들도 가장 가난한 사람, 가난한 국가였어요. 세계은행은 "가장 가난한 사람들이 코로나19 대유행에서 가장 큰 비용을 치렀다"라며, 이들이 코로나19로 인해 감당해야 하는 소득 감소분이 2배 이상 늘었다고 밝혔습니다. 이렇게 경제의 불확실성이 커지고 경제 규모 자체가 줄어들면, 모아둔 자산이 없는 공공 서비스가 취약한 국가의 극빈층은 직접적인 피해를 볼 수밖에 없지요. 또 백신 등을 비롯해 의료 서비스가 부족한 가난한 국가에서 코로나19로 인

—o 코로나19 시기에 식량 배급을 기다리는 인도의 빈곤 지역 주민들.

한 사망자는 부유한 국가에 비해 4배가량 많았다는 조사 결과도 있습니다. 반면 부유한 국가들은 코로나19로 인해 경제적 타격을 받았다고 하더라도, 중위 혹은 하위 소득 국가보다 훨씬 빨리 회복하고 있다고 합니다.

공공 서비스
교통과 통신, 전기와 가스, 수도, 도로, 의료, 교육처럼 모두의 일상 생활에 꼭 필요한 사업. 국가나 지방정부가 맡는 곳이 많지만 민간 기업에 맡기는 경우도 있다.

원조,
과연 그 효과는?

빈곤은 이렇게 역사적, 구조적 원인이 얽혀 있기에 개인적 혹은 개별 국가의 노력만으로는 해결되기 쉽지 않아요. 그래서 국제사회가 개발도상국의 가난한 사람들을 지원해야 한다는 목소리가 커지기 시작합니다.

제2차 세계대전 이후 미국은 마셜 플랜을 통해 전쟁으로 폐허가 된 유럽을 재건하기 위해 대규모 원조를 했어요. 또한 전후 아프리카와 아시아 등에서 식민지 상태에서 벗어나 독립한 나라들이 속속 생겨나면서 미국과 유럽 등에서 이들을 돕기 위한

마셜 플랜
제2차 세계대전 이후 피폐해진 유럽의 경제를 살리기 위해 미국이 대대적으로 자금을 쏟아부었던 원조 계획.

기구가 속속 생겨나기 시작했지요.

이들은 주로 개발도상국에 자금이나 기술을 지원하는 방식을 택했는데, 이를 공적개발원조(ODA, Official Development Assistance)라고 합니다. 깨끗한 물을 먹을 수 있도록 정수기를 설치하거나 수도를 놓고, 학교를 짓고, 전염병을 막기 위해 의료품을 공급하는 활동이 개발원조의 예라고 할 수 있어요. 이런 원조 대부분은 빈곤을 줄이고 삶의 질을 높이는 데 그 초점을 맞추고 있지요. 빌린 돈을 갚지 않아도 되는 무상원조도

—o 광복 이후 1953년에 열린 유엔한국재건단(UNKRA)과 한국의 경제원조 협정 조인식.

있지만, 이자와 원금을 갚을 의무를 지는 유상원조도 많았습니다.

공적개발원조와 관련한 국제적 논의가 이뤄지는 무대는 1961년 생긴 경제협력개발기구(OECD)의 개발원조위원회(DAC)예요. 이 위원회에 회원국으로 가입한 나라는 공적개발원조 예산을 책정하고, 어떤 국가에 어떤 사업을 시행할지 결정하고 집행한 뒤 실적을 보고합니다. 위원회에서는 원조가 제대로 잘 집행됐는지, 실질적으로 해당 국가에 도움을 주었

──◦ 원조받던 나라에서 원조하는 나라로 변모한 한국의 현재 모습.

는지 사업을 평가하는 작업도 하지요.

한국은 1950~70년대 원조를 받던 나라였지만, 2010년 개발원조위원회 회원국으로 가입하며 원조하는 나라가 되었습니다. 미국, 독일, 영국 등에 훨씬 못 미치지만 사업 규모도 2010년 약 11억 달러에서 2021년 28억 달러로, 2배가 훌쩍 넘도록 늘어났지요. 한국은 원조를 받기도 주기도 해본 독특한 입장에서 선진국과 개발도상국 모두를 잘 이해하고, 양측의 가교 역할을 하고 있습니다.

21세기 들어 개발원조는 한 국가의 문제에 그치지 않고 범지구적인 차원의 접근을 통해 해결해야 할 공동의 목표를 정리하고, 함께 해결책을 모색하는 방향으로 진행되지요. 2001년 유엔은 2015년까지 빈곤을 절반으로 줄인다는 목표를 세우고 이에 대한 구체적 계획을 담은 새천년개발목표(MDGs)를 발표했어요. 이 계획은 빈곤과 기아 퇴치, 보편교육 확대, 성평등, 질병 퇴치 등을 위해 국가, 국제기구, 비정부기구가 모두 참여하는 공동의 행동 방향을 담고 있어요.

새천년개발목표 이후 유엔은 2016년부터 2030년까지 달성해야 할 새로운 목표를 제시했어요. 이를 지속가능발전목표(SDGs)라고 불러요. 세계 빈곤을 종식시키고 지구를 보호하며,

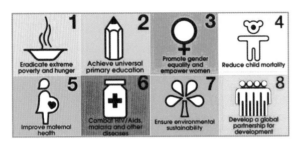

위 유엔이 발표한 새천년개발목표(MDGs)

아래 2016년부터 2030년까지 달성할 지속가능발전목표(SDGs)

2030년까지 모든 사람이 평화와 번영을 누릴 수 있도록 하자는 것으로 빈곤 퇴치, 기아 종식, 양질의 교육, 지속 가능한 생산과 소비, 기후변화와 대응 등 17개 목표를 설정했습니다.

그런데 참 이상하지요? 수십 년간 사람들이 가난을 없애기 위해 노력해 왔는데도 여전히 수많은 사람이 빈곤 상태이고, 수십 년째 유엔 등 국제사회의 목표가 '빈곤 종식'이니 말입니다. 그래서 일각에서는 기존의 질서에 따라 선진국이 주도하는 원조는 실패했다는 말이 나옵니다.

개발원조는 과거 식민지였다가 독립한 국가들의 재건을 돕고 인권을 향상시키려는 선의가 깔린 행위지만, 냉정한 국제사회의 현실에서 보자면 원조를 제공하는 국가 입장에서 손해 보는 일을 할 이유가 없습니다. 원조를 제공하는 국가는 국제사회에서 자국의 위상을 높일 수 있고, 원조를 받는 국가에 영향력을 미치는 등 중장기적인 자국의 이익을 계산해서 행동하곤 합니다. 아프리카 잠비아 출신의 저명한 경제학자 담비사 모요(Dambisa Moyo)는 『죽은 원조』에서 "60년간 아프리카에 1조 달러 이상의 원조를 제공했지만, 성과는 그리 크지 않았다"라며 "원조에 기반을 둔 개발 모델이 전 세계 극빈국에서 지속적인 경제성장을 주도할 것이라는 믿음은 이제 그만

멈춰야 한다"라고 주장했습니다.

어떻게 해야 제대로
어려운 나라를 도울 수 있나?

미국이 주도한 워싱턴 컨센서스(Washington Consensus)도 같은 맥락에서 빛과 그늘이 있다는 평가를 받습니다. 워싱턴 컨센서스는 미국이 1990년대 초 세계은행과 국제통화기금(IMF)을 통해 경제위기를 겪던 중남미, 아프리카 국가들을 지원하면서 외국 자본이 들어갈 수 있도록 경제구조를 바꾸라고 요구하는 것을 말합니다. 영국의 정치경제학자 존 윌리엄슨(John Williamson)이 정립한 개념으로, 정부와 공공 부문의 역할을 줄이고 자본시장과 외환시장을 개방하고 관세를 낮추는 정책을 의미하죠. 돈을 빌려주는 대가로 경제 정책을 시장에 맡기라고 강요하는 것인데 이를 '신자유주의 모델'이라고 부르기도 합니다. 1990년대 후반 한국을 비롯해 아시아가 금융위기를 맞아 IMF로부터 빚을 냈을 때도 이런 일이 벌어졌어요.

신자유주의 모델
국가가 공공 서비스를 맡고 산업과 경제 전반에 개입하는 것에 반대하며 시장경제, 규제완화, 자유무역, 쉬운 해고를 중시하는 모델.

—○ 시장개방과 신자유주의를 주문한 미국 주도 워싱턴 컨센서스의 도래.

　이런 식으로 위기에 처한 여러 국가에 자금이 투입되며 당장 숨통이 트이기는 했어요. 하지만 2000년대 들어 잇따라 터진 금융위기를 통해 워싱턴 컨센서스는 한계를 드러냈다는 평가를 받았습니다. 금융 지원과 원조를 대가로 신자유주의로 대표되는 선진국의 요구를 받아줄 수밖에 없는 개발도상국 입장에서는 경제발전은 이루지 못한 채 강도 높은 구조조정에 시달리고, 빌린 돈에 대한 이자를 갚아야 하는 등 이중으로 고통받는 상황에 빠져들 수밖에 없었다는 거지요.

　신자유주의 확산에 앞장섰던 영국의 고든 브라운(Gordon

Brown) 총리마저 2009년에 "'워싱턴 컨센서스'로 대표되는 지난 40년 동안의 유력한 신념이 종말을 맞았다"라며, "금융시장은 더 강력히 규제되어야 했다"라고 반성문을 쓰기도 했지요.

미국 주도의 워싱턴 컨센서스에 의구심이 제기될 때 즈음, 중국은 경제성장과 막대한 자본력을 바탕으로 자신만의 방식으로 해외 원조에 나서기 시작해요. 현재 중국은 원조받는 국가의 내정에 불간섭하고, 상호평등 원칙에 근거해 아프리카를 비롯한 개발도상국에 적극적으로 지원하고 있어요. 대부분은 대규모 인프라를 건설하는 투자 진출과 무역 확대가 핵심입니다. 미국이나 유럽 같은 기존 선진국들과 다르게, 중국 역시 한창 성장하는 개발도상국의 입장에서 '이익과 의리를 겸하고, 의리를 우선한다'라는 구호를 내걸면서 아프리카, 중남미 국가들과의 '남남협력(South-South cooperation)'을 강조하고 있지요. 이 같은 중국식 원조를 워싱턴 컨센서스와 대비되는 이름으로 '베이징 컨센서스(Beijing Consensus)'라고 부르기도 해요.

남남협력
선발개도국이 후발개도국을 지원하는 형태의 국제개발 협력체제를 일컫는 말로, 개발도상국들이 주로 남반구에 위치해 있어서 이런 이름이 붙었다.

그러나 중국의 원조 역시 '순수한 선의'일 리는 만무합니

중국의 아프리카 교역 추이(1992-2019)

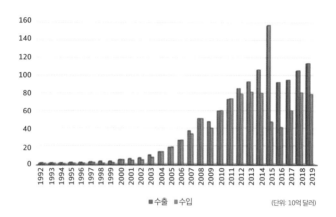

■수출　■수입　　　　　(단위: 10억 달러)

⟶○ 중국의 경제원조는 아프리카의 미래를 어떻게 좌우할까?

◦ 출처: UN Comtrade and the SAIS China Africa Research Initiative

다. 중국식 원조는 지원받는 국가 입장에서는 개발의 종잣돈을 받고, 중국 입장에서는 시장을 확대하는 '상호승리(win-win) 전략'이기도 합니다. 그런데 중국의 원조 역시 대부분 공여국에 갚아야 할 차관 형식이에요. 또 해당 국가에 인프라를 건설하는 업체는 대부분 중국 기업이고, 사업 현장에 중국 노동자가 많이 진출합니다. 중국이 돈을 빌려주고, 다시 중국 업체가 그 돈을 가져가는 구조이지요. 사실상 "새로운 형태의 식민주의 아니냐?"라는 비판이 나오는 대목입니다.

또 서구와 같이 시장을 개방하고 개혁하라는 요구는 하지 않기에, 독재 정권이나 자국민의 인권을 탄압하는 정부도 중국의 원조를 받을 수 있다는 점 역시 문제로 꼽힙니다. 원조의 핵심은 주민의 삶이 나아지는 건데, 정부 자체에 문제가 있다면 아무리 원조를 많이 한들 실질적으로 생활 사정이 나아지기를 기대하기는 어렵기 때문이지요.

지금도 원조를 받던 나라들의 상황은 크게 달라진 게 없습니다. 개발도상국이 짊어진 외채 부담이 2001년 이후 최대 규모로, 126개 개도국이 갚아야 하는 외채 비율이 정부 예산의 14.3퍼센트에 달하고 있다는 보도도 나왔지요. 개도국 외채 가운데 민간 채권자에게 갚아야 할 돈은 전체의 47퍼센트, 세계은행이나 IMF 같은 국제기구에 갚아야 할 돈은 27퍼센트, 중국에 진 채무는 12퍼센트 정도로 나타났다고 해요.

1990년대 말 빈곤국이 진 빚을 탕감해 주자는 취지의 운동이 벌어진 것도 이런 맥락에서입니다. '주빌리 2000(Jubilee 2000)'이라는 이 운동은 개발도상국이 세계은행, IMF 등에 안고 있는 부채가 상당하고 이를 갚느라 공공 서비스에 투자할 자금 자체를 확보하지 못하는 점을 간파하고, 제3세계 채무국이 실질적으로 '상환할 수 없는' 채무를 없애 주자는 캠페인을 벌였습니다.

앞으로는 무역과 금융 시스템 안에서 개발도상국이 더 많은 발언권을 갖도록 하는 게 중요하다는 의견도 있습니다. 이미 개발원조뿐만 아니라 세계 경제구조가 '글로벌 노스', '글로벌 사우스'로 기울어진 상황에서 이를 평평하게 만들어야 한다는 겁니다. 운동장이 기울어진 상태에서는 정정당당한 경기를 펼칠 수 없으니까요.

절대빈곤만 문제가 아니다!

생존을 위한 식량과 돈이 부족한 절대빈곤이 여전히 문제

—○ '자본주의는 불평등으로 자란다'라는 시위 팻말.

이긴 하지만, 지구 전체를 놓고 보면 과거의 어느 때보다 우리
는 물질적 풍요를 누리고 있습니다. 중국, 인도 등 신흥경제대
국이 급성장하면서 국가 간 소득 격차도 많이 줄었지요. 그런
데 스스로 '가난하다'라고 생각하는 사람들은 여전히 많습니
다. 왜 그럴까요?

한 국가 안에서 '불평등'이 심화하고 있기 때문입니다. 일부
고소득층의 소득과 자산은 계속 증가하는 반면, 하위층은 그
렇지 못한 상황이라는 겁니다. 미국은 경제 규모로 보자면 세
계 최고의 경제대국이지만, 불평등이 극심한 대표적인 국가입

니다. 소득분배의 불평등 정도를 나타내는 대표적 지표인 지니계수로 볼 때, 미국은 선진국 가운데 사실상 최악의 성적표를 받아들었습니다. 지니계수는 0에 가까울수록 평등하고, 1에 가까울수록 불평등하다는 걸 의미하는데, 미국의 지니계수는 0.375로 튀르키예, 멕시코, 불가리아 등과 비슷한 수치를 기록했어요. 덴마크(0.26)나 스웨덴(0.27) 같은 유럽 국가보다 훨씬 높고요. 한국도 0.33으로 비교적 높은 수치를 나타냈습니다. 이미 소유한 자산이 불평등한 정도는 훨씬 심각해요. 미국 상위 10퍼센트가 소유한 부는 하위 50퍼센트의 236배에 달했다고 해요.

세계 2위의 경제 규모를 가진 중국의 상황도 비슷해요. 중국 공산당은 모두가 풍족한 생활을 누리는 '샤오캉(小康) 사회'를 만드는 것을 목표로 내세워 왔지요. 공산당 창당 100주년인 2021년 시진핑 국가주석은 "샤오캉 사회를 달성했다"라고 선언했어요. 하지만 성과를 강조하기 위해서 경제 수치를 부풀린다는 비판이 많이 나왔습니다. 게다가 최근 중국 내에서는 빠른 경제성장 이면에 생겨나는 극심한 빈부격차와 양극화가 문제가 되고 있어요. 중국의 지니계수는 0.465 정도로,

─○ 고도성장으로 세계 2위 경제대국이 된 중국. 그러나 그 이면에 자리한 불평등과 격차는 점차 심각한 사회 문제가 되고 있다.

정부도 심각한 수준으로 판단하고 있어요. 또 상위 10퍼센트가 전체 부의 45퍼센트를 차지하는 반면, 하위 10퍼센트는 전체 부의 1퍼센트만을 갖고 있다고 해요.

리커창 전 총리는 "중국의 1인당 연평균 소득이 3만 위안이지만, 6억 명 정도는 월소득 1,000위안 정도에 머물고 있고, 이는 중간 크기 도시의 임대료를 지불하기 어려운 수준"이라고 밝힌 바 있습니다. 이에 최근 중국은 '전 인민이 풍요로운 생활을 해야 한다'라는 목표인 '공동부유(共同富裕)'를 내걸었어요. 빈부격차를 해소하지 않으면 장기적으로 중국 사회에 큰 부담이 되기 때문입니다.

이런 격차는 단순히 '돈'의 문제가 아닙니다. 소수가 부를 독식하도록 용인하는 법과 제도는 물론 그에 따르는 기회까지 돈 많은 사람들이 차지하는 구조 자체가 문제인 거지요. 어떤 규칙에 따라 게임을 하게 될지를 정할 권한마저 부자들이 차지하게 될 경우, 그 격차는 더욱 커질 수밖에 없을 겁니다.

빈곤과 격차 핫&이슈 ▼

'부자 증세'를 주장하는 억만장자들

세계 억만장자 200여 명이 자신들에게 세금을 더 거둬야 한다고 주장했다. 배우 마크 러팔로, 월트디즈니 공동창업 자의 손녀 애비게일 디즈니, 벤처투자가 닉 하나우어, 자산운용업체 블랙록 출신의 모리스 펄 등은 공개서한에서 "슈퍼리치인 우리에게 세금을 부과해야 한다. 민주주의를 수호하고 서로 협력하려면 더 공정한 경제체제를 구축하기 위한 조치가 지금 당장 필요하다"라고 밝혔다.

어린이 7억 7,400만 명, 빈곤과 기후위기에 노출

전 세계 아동 7억 7,400만 명이 빈곤 상태에 있으면서 기후위기에도 크게 노출되어 있는 것으로 나타났다. 국제구호기구 세이브더칠드런의 보고서에 따르면, 그중 75퍼센트는 남아시아와 사하라 이남 아프리카 지역에 살고 있다. 빈곤위기, 기후위기에 더해 분쟁까지 겹쳐진 삼중 위협에 처한 아동도 1억 8,300만 명으로 조사됐다.

코로나19 이후 극빈곤층 사상 최대로 늘어

코로나19로 인해 전 세계 극빈층이 큰 폭으로 증가했다. 2020년 기준으로 약 7억 1,900만 명으로 약 9.3퍼센트에 이른다. 이는 2019년보다 7,000만 명이 늘어난 것이라고 세계은행은 밝혔다. 충분한 식량이 없어 굶주리는 인구도 코로나19 이후 1억 5,000만 명 넘게 증가했다.

원조는 꼭 필요할까?

○ 찬성 ○

1. 인도주의 차원에서 원조는 필요하다

절대빈곤과 기아 상태에서 벗어나기 위한 원조, 질병으로부터 주민을
보호하기 위한 원조는 인도주의 차원에서라도 필요하다.

2. 원조의 성공 사례를 보면 원조는 효과적이다

한국처럼 원조를 받아 가난을 이겨 내고 발전의 틀을 마련한 나라들을
보면 원조는 충분히 효과를 발휘할 수 있다.

3. 사실 역사를 봐도 원조는 선진국의 책임이자 의무이다

제국주의를 앞세워 남의 땅을 빼앗고 착취한 선진국들은 후발주자인
개발도상국을 도와야 할 책임이 있다.

그래, 무언가 시작할 만한 자원이
없을 때는 외부에서 돕는 게 맞지.

아니야, 지금 같은 원조 방식은 길게 보면 저소득 국가에 도움이 되지 않아.

✖ 반대 ✖

1. 수십 년의 역사를 볼 때 원조는 실패로 돌아왔다

수십 년간 원조를 받았지만 여전히 가난한 나라들이 많은 것을 보면, 원조라는 방식을 처음부터 다시 돌아봐야 할 때다.

2. 겉만 원조이고, 실상은 구속하고 장사를 하는 것이다

원조해 준다면서 이자를 받고 돈을 빌려주거나, 원조받은 돈으로 돈 준 나라 기업들의 물건만 사야 한다고 한정하는 식의 '구속성 원조'라면 의미가 없다.

3. 정말 그 나라들이 필요로 하는 것은 공정한 기회다

개발도상국이 정말로 원하는 것은 일시적인 구호가 아니라, 발전한 나라들과의 평등한 협정, 투명한 투자계획, 경제성장을 이룰 기회다.

자원

『성냥과 버섯구름』, 오애리·구정은 지음, 학고재, 2022년
『탄소 민주주의』, 티머시 미첼 지음, 에너지기후정책연구소 옮김, 생각비행, 2017년
국제에너지기구(IEA), 2022 세계에너지 보고서
(https://www.iea.org/reports/world-energy-outlook-2022).

영토분쟁

『깃발의 세계사』, 팀 마샬 지음, 김승욱 옮김, 푸른숲, 2022년
『중동은 왜 싸우는가?』, 박정욱 지음, 지식프레임, 2018년
미국 외교관계협의회(CFR), 'Global Conflict Tracker'
(https://www.cfr.org/global-conflict-tracker)

도시

『난장이가 쏘아올린 작은 공』, 조세희, 이성과힘, 2000년
『도시의 로빈후드』, 박용남, 서해문집, 2014년
『도시의 승리』, 에드워드 글레이저 지음, 이진원 옮김, 해냄, 2021년
『이 도시에 살고 싶다』, 경향신문 기획취재팀 지음, 시대의창, 2017년

인구

유엔 세계인구전망(World Population Prospects) 2022
유엔인구기금(UNFPA) (https://www.unfpa.org/8billion)
통계청, '인구로 보는 대한민국'
(https://kosis.kr/visual/populationKorea/index/index.do)

기후와 재해

『2050 거주불능 지구』, 데이비드 월러스 웰즈 지음, 김재경 옮김, 추수밭, 2020년
『파란하늘 빨간지구』, 조천호 지음, 동아시아, 2019년
유엔기후행동 (https://www.un.org/en/climatechange)

빈곤과 격차

『물에 빠진 아이 구하기』, 피터 싱어 지음, 함규진 옮김, 산책자, 2009년
『왜 세계의 절반은 굶주리는가?』, 장 지글러 지음, 유영미 옮김, 갈라파고스, 2016년
『죽은 원조』, 담비사 모요 지음, 김진경 옮김, 알마, 2012년
Oxfam, 'PROFITING FROM PAIN'
(https://www.oxfam.org/en/research/profiting-pain)

사회를 달리는 십대: 지리

초판 1쇄 펴낸날 2023년 4월 24일
초판 2쇄 펴낸날 2023년 11월 29일

지은이 구정은 이지선
일러스트 PINJO
펴낸이 홍지연

편집 홍소연 이태화 차소영 서경민
디자인 권수아 박태연 박해연 정든해
마케팅 강점원 최은 신종연 김가영 김동휘
경영지원 정상희 여주현

펴낸곳 (주)우리학교
출판등록 제313-2009-26호(2009년 1월 5일)
제조국 대한민국
주소 04029 서울시 마포구 동교로12안길 8
전화 02-6012-6094
팩스 02-6012-6092
홈페이지 www.woorischool.co.kr
이메일 woorischool@naver.com

ISBN 979-11-6755-203-7 43340

- 책값은 뒤표지에 적혀 있습니다.
- 잘못된 책은 구입한 곳에서 바꾸어 드립니다.
- 본문에 포함된 사진 등은 저작권과 출처 확인 과정을 거쳤습니다. 그 외 저작권에 관한 문의 사항은 ㈜우리학교로 연락 주시기 바랍니다.

만든 사람들
편집 이선희
디자인 스튜디오 헤이, 덕